DEMAIN LES POSTHUMAINS

DU MÊME AUTEUR

L'irrationnel nous menace-t-il ?, Pleins Feux, 2006.
La Croisée des sciences. Questions d'un philosophe, Seuil, coll. « Science ouverte », 2006, 2011.
Les Théories de la connaissance, PUF, coll. « Que sais-je ? », 2005.
Érasme, Machiavel, More. Trois philosophes pour les managers d'aujourd'hui, avec Luc de Brabandère et Charles Handy, Village Mondial, 2000.
Peut-on encore croire dans le progrès ?, avec Dominique Bourg, PUF, 2000.
Réflexions sur la sagesse, Le Pommier-Fayard, 1999.
Éloge de l'irrespect et autres récits sur Georges Bataille, Descartes & Cie, 1998.
Tocqueville et la démocratie, égalité et liberté, Hatier, coll. « Profil philosophie », 1995.
L'Humanisme déchiré, Descartes & Cie, 1993.
Histoire de la philosophie moderne et contemporaine. Figures et Œuvres, Grasset, coll. « Le Collège de philosophie », 1993 ; Le Livre de poche, 2 vol., 1998.
La Politique de l'impossible, La Découverte, coll. « L'Armillaire », 1988.
Chronique des idées d'aujourd'hui. Éloge de la volonté, avec Jean-Paul Thomas, PUF, coll. « Recherches politiques », 1987.

JEAN-MICHEL BESNIER

DEMAIN LES POSTHUMAINS

Le futur a-t-il encore besoin de nous ?

Pluriel

Ouvrage publié dans la collection Pluriel
sous la responsabilité de Joël Roman

Ouvrage paru en première édition dans la collection
« Haute Tension » animée par Charles Pépin

Couverture : © Rémi Pépin.
Illustration : RMN.

ISBN : 978-2-8185-0282-2
Dépôt légal : octobre 2012
Librairie Arthème Fayard/Pluriel, 2012.

Pour Monique,
et grâce à elle.

Avant-propos

Qui s'en souvient encore ? Le livre racontait l'histoire d'un monde en voie d'extinction. On découvrait peu à peu que le récit de la fin des hommes – une fin sans douleur, presque raisonnable – était conduit par des chiens que la chirurgie d'abord, des greffes puis la transmission génétique avaient rendus capables de parler. Ce livre étonnant fut traduit en français, en 1953, sous le titre *Demain les chiens*. Son auteur, Clifford D. Simak, connut immédiatement le succès. On dut lui savoir gré de décrire un monde futur livré non pas à des animaux enragés mais à de paisibles canidés que les mots « guerre » ou « meurtre » plongeaient dans un abîme de perplexité.

Ces chiens étaient entourés de mutants plutôt solitaires et de robots pleins de sollicitude pour leurs chiots. Ces derniers avaient accompagné les hommes jusqu'à leur disparition – ou plutôt jusqu'à leur exil volontaire sur Jupiter. Cette planète était censée leur offrir une vie quasi éternelle et un bonheur parfait, moyennant une augmentation de leurs facultés cognitives qui devait faire d'eux des

« dromeurs ». D'innombrables siècles après, les chiens tentaient d'évoquer entre eux, le soir à la veillée, « cette race mythique désignée sous le nom de race humaine[1] ».

Les huit contes qui composent *Demain les chiens* resteraient une aimable fantaisie s'ils n'étaient lus aujourd'hui par des hommes ayant découvert, au cours des cinquante dernières années, combien l'imaginaire sécrété par les technosciences peut installer dans les esprits des idéaux de plus en plus étrangers à la cause de l'humanité.

Parlerons-nous un jour de la Terre comme si nous n'y étions plus ? Semblables à des retraités évoquant l'entreprise qui a autrefois hébergé leur activité et qui appartient désormais à une étape révolue de la vie économique du pays. Parlerons-nous un jour des hommes comme d'une espèce disparue ? Semblables au robot Jenkins, dans la fiction de Simak, qui rabâche le souvenir du whisky qu'il aimait servir à ses maîtres de jadis. Certains futurologues ont déjà dessiné la perspective que les hommes se réfugient dans quelques planètes creuses, conçues et réalisées par une humanité menacée d'étouffer sur terre. Certains visionnaires subjugués par les promesses d'une intelligence artificielle annoncent pour bientôt la relève de cette humanité par des êtres d'un genre nouveau, héritiers des cyborgs que nous sommes déjà en passe de devenir, grâce aux prothèses électroniques et à notre indéracinable ambition d'en finir avec la naissance, la maladie et la mort.

1. Clifford D. Simak, *Demain les chiens*, traduit de l'américain par Jean Rosenthal, J'ai Lu, 1970, p. 11. Ce livre est paru aux États-Unis sous le titre *City* et fut écrit entre 1944 et 1951.

Demain les posthumains [1] ? Ce livre n'est pas de science-fiction. Il prend trop au sérieux les acquis des sciences et des techniques contemporaines pour les dévoyer dans quelques extrapolations incontrôlables. Ce livre interroge la diffusion des idées, des comportements, des fantasmes qui conspirent de plus en plus à rendre plausible, et même désirable, l'avènement d'une posthumanité.

Il y a déjà longtemps que s'exprime l'exigence d'aménager notre existence quotidienne de sorte qu'elle soit compatible avec celle des êtres non humains qui nous environnent. Et on ne trouve déjà plus insensé aujourd'hui que, dans certaines sociétés ayant développé une haute technologie, des droits et des devoirs soient bientôt attribués aux robots. On admet que l'éthique déborde à présent l'espace humain et concerne le vivre ensemble d'une humanité élargie. Se réclamant des progrès biotechnologiques ou cybernétiques, certaines utopies vont même jusqu'à suggérer la possibilité d'hybrider l'humain, l'animal et la machine, de réaliser une intelligence non biologique, d'outrepasser systématiquement les limites que nous impose la nature...

Des scientifiques se prêtent de bonne grâce à ces scénarios du futur et en fournissent l'argumentation. Des ingénieurs en confirment le sérieux. Le grand public s'habitue à ce qu'on lui prédise un avenir où l'homme pourra expier ses faiblesses et se trouver remodelé sinon

1. Ayant choisi ce titre par référence au livre de Simak, *Demain les chiens*, j'ignorais que la revue canadienne *Argument*, dans son numéro d'automne 2000 - hiver 2001, avait intitulé « Demain, le post-humain ? », un dossier consacré aux spéculations issues des technologies contemporaines. Je remercie Daniel Tanguay, professeur de philosophie à l'université d'Ottawa, de me l'avoir appris.

« augmenté ». Lorsqu'il ressent encore le désir d'adopter le point de vue de Sirius, le philosophe cède parfois au vertige. Observateur d'un monde promis à l'émergence d'un état radicalement nouveau, il peut bien vouloir raconter la dilution contemporaine des identités de toute sorte, la dispersion des repères intellectuels et moraux, le consentement progressif à une condition proprement inhumaine, le désespoir larvé d'hommes fatigués d'être ce qu'ils sont... Mais accepter de jouer le rôle du chien de la fable de Simak lui paraîtrait pactiser avec le cynisme que l'étymologie associe justement à cet animal emblématique. Selon lui, le futur devrait encore avoir besoin de nous. Mais comment obtenir que le posthumanisme signifie l'extension de nos valeurs aux réalités créées par nos technologies (par exemple, aux clones, aux cyborgs ou aux robots), plutôt que l'annonce de notre autosuppression ou de notre désertion ?

Introduction

« Ce n'est pas une raison parce qu'il est parti le premier que l'homme doit avoir le monopole du progrès. »

Clifford D. Simak, *Demain les chiens*, p. 118

« Les ordinateurs étaient à l'origine des machines très grossières et distantes, dans des pièces climatisées où travaillaient des techniciens en blouse blanche. Ils sont ensuite arrivés sur nos bureaux, puis sous nos bras et maintenant dans nos poches. Bientôt, nous n'hésiterons pas à les mettre dans notre corps ou dans notre cerveau [1]. »

Aux alentours de 2030, selon la plupart des futurologues, l'histoire aura vérifié et même prolongé cette trajectoire. La réalité révélera la perspicacité des utopistes qui annoncent aujourd'hui la venue du posthumain, avec le

1. Jean-Michel Truong, *Totalement inhumaine*, Les Empêcheurs de penser en rond, 2001, p. 32.

triomphe encore énigmatique d'une intelligence non biologique.

Le scénario en est à présent tout tracé : nous aurons d'abord les moyens de transformer radicalement nos corps, grâce à des milliards de nanorobots qui circuleront dans notre sang, dans nos organes, dans notre cerveau. Ces nanorobots « détruiront les agents pathogènes, corrigeront les erreurs de notre ADN, élimineront les toxines et effectueront toutes sortes d'autres tâches pour améliorer notre bien-être physique [1] ». Ils interagiront avec nos neurones biologiques, avant de pouvoir les remplacer et de générer des organismes plus durables, plus performants et à peu près inusables. Se dessinera la version dite 2.0 du corps humain où les organes biologiques, comme le cœur ou les poumons, seront remplacés par « d'autres ressources nécessaires au fonctionnement des systèmes nanorobotiques ». Notre transformation en cyborgs sera alors en voie d'achèvement.

Pourquoi cette perspective d'une fin de l'homme nous semblerait-elle effrayante ? Ne l'avons-nous pas désirée ? N'avons-nous pas grandi dans l'espoir que la science et la technique nous émanciperaient des servitudes attachées à la condition humaine ? Nous nous voulions résolument modernes et, pour cette raison, rien n'était plus important à nos yeux que l'autonomie – par rapport aux autres, à la nature, aux traditions ou aux dieux. Il faut aujourd'hui surmonter la déception que l'histoire nous inflige.

La toute-puissance dont nous rêvions nous a révélés enchaînés par les déterminismes naturels que notre science

1. Ray Kurzweil, *Humanité 2.0. La bible du changement*, M21 Éditions, 2007, p. 322.

met au jour, par les contraintes que notre technique nous impose. Si nous sommes tentés de déplorer les progrès que l'une et l'autre nous font faire malgré tout, c'est que nous découvrons chaque jour davantage qu'elles n'obéissent plus qu'à leur logique propre et que nous avons perdu les commandes. Nous avons fait le lit de notre assujettissement à des fins qui nous répugnent et nous voici même exposés à disparaître en tant qu'humains.

Ironie de la modernité, issue du siècle des Lumières et de son culte des savoirs : ce qui fut présenté jadis comme le moyen de l'autonomie des hommes apparaît aujourd'hui comme une puissance autonome, dont ils doivent s'accommoder et qui leur dictera toujours davantage les règles de leur bien-vivre. Quoi d'étonnant à ce que certains veuillent faire de nécessité vertu et s'engager aveuglément dans l'aventure technologique ?

On les trouve fréquemment dans l'entourage des chercheurs en nanosciences ou parmi les inconditionnels des biotechnologies. Si la maîtrise que nous voulions nous assurer sur toutes choses a produit dans le passé des conséquences cauchemardesques, expliquent-ils, cédons à présent au hasard des évolutions que ne manquent pas de provoquer nos savoirs et nos instruments. Après tout, dans la nature, la sélection aléatoire des espèces impose le meilleur. Pourquoi n'en serait-il pas de même dans le domaine des technosciences ? Ne plus tout à fait savoir ce que l'on fait n'est peut-être pas plus dangereux que de croire agir délibérément en vue de réaliser le bonheur des gens. En revendiquant de cette manière une sorte de droit à l'immaîtrise, c'est-à-dire aussi à l'irresponsabilité, on perd évidemment les illusions de l'autonomie, mais pour gagner peut-être la possibilité de réouvrir un avenir imprévu et salutaire.

En 1977, Jacques Ellul avait raison de conclure son livre *Le Système technicien* [1] en remarquant que si la technique est devenue cette puissance autonome qui conditionne tout ce qu'il est permis de faire et si, par là, elle est indifférente à la morale, alors elle ne peut que justifier l'irresponsabilité et produire « l'amoralisation de l'homme ». Redoutable conclusion que pourrait confirmer l'avènement de ces nouveaux apprentis sorciers « par vocation et non pas par maladresse [2] », ces chercheurs et ingénieurs désireux d'expérimenter obstinément et tous azimuts les virtualités de leurs savoir-faire, comme si le cours des choses devait seul décider à leur place ce qui pourrait en résulter. Que de désillusions doivent s'être additionnées pour qu'on se résigne ainsi à jouer son va-tout, convaincu que la pire catastrophe proviendrait de l'action délibérée des hommes et que, pour l'éviter, la déprise vaut toujours mieux que la volonté de maîtrise.

À cet égard, le procès qu'on fit au philosophe allemand Peter Sloterdijk en 1999 paraît déjà très injuste [3] : l'humanisme issu de la Grèce puis revivifié avec la Renaissance européenne n'est plus crédible, disait-il, en commentant Heidegger. Ses valeurs, principalement fondées sur l'amitié nouée autour d'une commune fréquentation des œuvres littéraires, sont aujourd'hui surannées et, au mieux, incantatoires. Son idéal de domination de la nature a révélé sa

1. Jacques Ellul, *Le Système technicien*, Calmann-Lévy, 1977, p. 160.

2. Selon l'analyse proposée par Jean-Pierre Dupuy qui observe l'extension d'un principe d'immaîtrise, dans les milieux de la haute technologie, en voie de relayer le principe de maîtrise qui caractérisait la science issue du cartésianisme.

3. Voir Peter Sloterdijk, *Règles pour le parc humain*, Les Mille et Une Nuits, 2000.

nocivité. À la suite de ce constat, Sloterdijk défraya la chronique parce qu'il eut l'audace d'invoquer la perspective d'un posthumanisme susceptible de livrer une nouvelle échelle de valeurs, en phase avec la situation contemporaine créée essentiellement par la démesure des moyens technoscientifiques que nous avons développés. Selon lui, ce posthumanisme devrait en particulier affronter la montée en puissance des biotechnologies qui menacent de déborder le cadre dans lequel nous avions rangé l'humanité. Ainsi, le clonage reproductif, en nous permettant de fabriquer techniquement l'homme, nous imposerait de remettre en question l'idée que nous nous en faisions et d'en amender ou d'en élargir le concept. La domestication de l'homme par l'homme, l'apprivoisement – si l'on préfère – que l'éducation humaniste avait permis, appellerait aujourd'hui de nouvelles stratégies : qu'allons-nous donc faire de l'homme que nous saurons bientôt produire ? Comment allons-nous l'*élever*, au mieux de ses intérêts de créature artificielle ?

Voilà dans quel contexte la question du posthumanisme trouvait à se poser, selon Sloterdijk, au grand dam des frileux et des nostalgiques prompts à y voir non seulement un crime contre l'esprit mais aussi une véritable incitation au totalitarisme. Mais est-il encore temps de s'indigner des conséquences du pouvoir que nous nous sommes arrogé sur les êtres et les choses ? Porté aux limites de lui-même, l'homme n'a plus d'autre choix que d'imaginer sa postérité, dans un autre que lui-même qu'il peut tout au plus esquisser, avec les fantastiques ressources techniques qu'il s'est acquises – esquisser et peut-être orienter, s'il peut croire encore que les idées sont capables d'infléchir le cours des choses. Des scénarios se développent pour figurer le futur de l'homme, souvent brutaux et sans appel. On en parle comme d'utopies, parfois parce qu'ils puisent à la source du présent des leçons éternelles, pénétrées de sagesse ou invitant au courage, mais le plus souvent parce qu'ils dessinent un au-delà imaginaire dans lequel les hommes sont dépourvus de leur réalité et de leur pouvoir.

Ces dernières utopies qu'on qualifiera de posthumaines ne relèvent plus tout à fait de la science-fiction, telle que la littérature en définit le genre avec Jules Verne ou Howard Philips Lovecraft. Elles s'apparentent déjà à un programme scientifique pour un nombre croissant de ces chercheurs attentifs aux possibles que feront naître leurs démarches. Elles constituent un horizon éthique à interroger pour ceux des philosophes qui entendent prendre au sérieux les valeurs portées par ces possibilités techniques.

Le questionnement n'est pas vain car le futur qui s'annonce déroute les valeurs tant morales qu'esthétiques auxquelles les philosophes s'étaient attachés et qu'ils avaient fini par présenter comme à la racine du sens commun. Cela ne signifie pas qu'ils s'apprêteraient désormais à mettre entre parenthèses ce qu'ils argumentèrent jadis en termes de bien ou de mal, de beau ou de laid, sous prétexte que la réalité serait sur le point d'être bouleversée. Le propre des valeurs est certes de résister au réel et de prétendre l'infléchir dans le sens du désirable. Mais il faut se prémunir contre l'angélisme qui risque toujours de résulter d'un attachement à des valeurs prétendument éternelles. L'évolution imprévisible des technosciences menace de faire advenir une réalité parfaitement inédite, qui interdira de se réfugier dans l'abstraction souvent induite par une vision morale du monde.

J'invoquerai, à titre d'illustration, le refus très moral du philosophe allemand Jürgen Habermas d'aborder la perspective du clonage reproductif autrement que comme celle du naufrage de la nature humaine. Lorsqu'il exprime l'horreur que lui suggère la possibilité que des clones fassent un jour société avec nous, il avoue une incapacité à étendre l'espace de communication actuellement formé par les hommes – ce qu'il nomme « l'intersubjectivité » – au-delà de ce que l'humanisme traditionnel avait circonscrit. Sloterdijk auquel il s'opposera assez violemment avait bien résumé ce que cet humanisme souhaitait seulement considérer comme proprement humain : un monde de semblables composant « l'espèce humaine », liés par l'amitié et par l'échange culturel qu'autorisèrent principalement les livres. Or, un clone n'a pas sa place dans ce monde, selon Habermas, car lui font défaut les attributs de naissance qui ouvrent la mémoire générationnelle sans laquelle il n'est pas de culture humaine.

Comment, demande-t-il, un clone pourrait-il se raconter aux autres et s'approprier l'histoire singulière qui façonne pour chacun de nous son identité personnelle ? Il ne posséderait pas l'autonomie qui est seule respectable aux yeux de l'humanité, puisqu'il serait le produit d'une décision prise par un autre. La cause est entendue, et le verdict définitif pour le penseur de la modernité qu'est Habermas. Que valent pour lui les arguments plaidant en faveur de l'accueil du clone dans la communauté humaine, au même titre que de celui du handicapé mental ou même de l'animal domestique ? N'est-il pas sensible aux indices conduisant à douter de la possibilité pour l'homme d'être isolé encore longtemps du reste de la nature, dans une éternelle et arrogante spécificité ?

Freud s'était plu à rappeler que l'humanité avait connu dans son histoire une triple humiliation, du fait des découvertes scientifiques : celle que lui infligea Copernic en révélant que la Terre n'est pas le centre de l'univers, celle qui résulta de l'œuvre de Darwin mettant en lumière l'ascendance animale dont l'humain procède et celle que la psychanalyse finit par asséner en persuadant l'homme qu'il est déterminé par des forces inconscientes. Reprenant ce tableau des désillusions qui ont contraint l'humanité à renoncer à ses prétentions à l'autosuffisance, Sloterdijk évoque le commentaire qu'en propose l'historien Bruce Mazlish : ce qui paraissait séparer l'homme de la nature, de l'animal et de la machine, s'est trouvé progressivement réfuté, au profit de la révélation proprement vexatoire pour lui d'une continuité avec ce qui n'est pas lui. « La barrière métaphysique entre le monde terrestre et l'espace céleste a été abolie par Galilée, montrant que, de part et d'autre de la Lune, les mêmes lois naturelles continuaient d'être en vigueur. Avec Darwin, c'est la différence métaphysique entre l'homme et l'animal qui a été relativisée et remplacée par un continu d'histoire naturelle les englobant tous les deux. De son côté, Freud a transpercé les barrières métaphysiques séparant les processus conscients et rationnels des processus inconscients et irrationnels et fait apparaître, là aussi, un continu [1]. »

L'intérêt de cette formulation, très conforme à l'esprit de Freud, est cependant d'introduire un dernier avatar dans l'irrésistible « remplacement des discontinuités métaphysiques par des continus postmétaphysiques », comme dit

1. Peter Sloterdijk, « Du centrisme mou au risque de penser », *Le Monde*, 9 octobre 1999.

Peter Sloterdijk, à savoir : « le cybernético-biotechnique », c'est-à-dire la convergence de l'organisme – « ce qui est né » – et de la machine – « ce qui est fabriqué ». L'homme bionique ou le cyborg, comme on voudra désigner l'être issu de l'hybridation de l'organique et du cybernétique, s'il venait en effet à se développer, par suite notamment d'un recours accru aux prothèses ou aux implants électroniques, égratignerait un peu plus l'image que l'humanité aurait aimé se donner d'elle-même. Il poserait assurément le problème de la communication entre les êtres vivants – celui de l'intersubjectivité que peuvent réaliser des êtres de nature ou de facture différentes – dans des termes que ne paraît pas imaginer Habermas.

Comparé au cyborg, le clone, dont on se demande s'il pourrait être « un homme comme un autre », semblerait moins dérangeant. Ne défiant pas plus les repères de la filiation que le premier Indien venu, qui déclare appartenir non pas à ses parents mais à la Terre et à l'ordre d'une nature homogène, on voit mal pourquoi la société des hommes devrait maintenir le clone dans ses marges et, éventuellement, accuser de « crime contre l'espèce humaine » son producteur [1]. Le seul motif de redouter la libéralisation du clonage, plus que l'extension du cyborg, tient sans doute au pouvoir de fascination des fantasmes transhumanistes qui proposent déjà leurs horizons aux recherches américaines conduites dans le domaine des nanotechnologies : l'incroyable ambition de faire advenir un « Successeur » de l'homme qui ne devrait rien à la sexualité et qui résulterait d'un processus d'auto-engendre-

1. Voir sur ce point Philippe Descamps, *Un crime contre l'espèce humaine ?*, Paris, Les Empêcheurs de penser en rond, 2004.

ment[1]. L'horreur éprouvée par Habermas procède ni plus ni moins de l'instinct de conservation censé rappeler la nature humaine à elle-même. C'est bien par là qu'elle le porte à revendiquer une moralisation de la technique, pour restaurer le fonds d'évidences commun à la communauté des hommes.

Reste que la volonté d'autonomie des hommes, parce qu'elle les a conduits à ériger un monde dans lequel se diluent de plus en plus ces évidences – en particulier, celles liées aux identités biologiques et aux différences génériques –, ne leur laisse plus d'alternative. De quelque manière qu'on l'entende, la morale suppose un monde stable, des repères définis, des intérêts actualisables et négociables, un contexte où les attentes et la confiance peuvent être satisfaites. C'est bien pourquoi la guerre, par exemple, rend cette morale tout à coup exceptionnelle et la réserve aux « justes » qui ont la force de résister aux vertiges de l'histoire.

La situation créée de nos jours par la technique signale-t-elle une semblable mise en échec de la morale ? S'il est probable qu'elle bouscule bel et bien l'ordre du permis et du défendu qui en est le fondement, cela ne signifie pas qu'elle invalide la recherche du bien-vivre individuel et collectif que les Grecs nommaient « éthique ». Loin de tirer argument de l'incertitude pour justifier le laisser-faire et l'anomie, c'est justement vers l'éthique que les sociétés modernes se tournent, c'est elle qu'elles sollicitent afin de déterminer les conditions qui nous permettraient de nous entendre sur les idéaux à poursuivre. Si nous ne sommes

1. C'est le thème que développe André Chauchat, sous couvert d'une fiction, dans *SOS Sosie*, Le Pommier, 2002.

certes pas en guerre, nous sommes cependant défiés par les puissances que déchaînent nos technologies, menacés même de succomber à leur démesure.

Plutôt que de nous crisper sur les positions morales qui garantirent la sécurité du monde d'hier, nous devons faire face et mobiliser les ressources de l'imaginaire. Il s'y exprime déjà le scénario d'une vie éthique régénérée, libérée du carcan des représentations à la source de nos actuelles vulnérabilités. Les utopies posthumaines procèdent d'une semblable ambition. L'étrange est que certaines n'hésitent pas à soutenir le paradoxe consistant à associer le bien-vivre futur à la disparition des hommes tels qu'ils sont…

1.

RENCONTRE AVEC LE NON-HUMAIN

« Il ne cessait de vivre avec le vain espoir du suicide dans le cœur[1]. » C'est ainsi que l'écrivain Cesare Pavese présente le triste héros du deuxième récit de sa *Trilogie des machines*. Un homme « las de tout », jusqu'à ce qu'il découvre cependant la vertu régénératrice des machines – en l'occurrence, de l'automobile. Devenu pilote d'essai, cet homme, auparavant poète, éprouve alors le bonheur de faire corps avec « la nouvelle créature qu'il domptait de ses mains » et grâce à elle aussi, sur les routes, celui de communier avec la nature tout entière. « Tout se fondait dans son esprit, comme quelque chose d'unique, une unique et immense élévation[2]. » « Désormais, ajoute Pavese, il ne se sentait plus qu'une intelligence mécanique,

---

1. Cesare Pavese, *La Trilogie des machines*, Les Mille et Une Nuits, 1994 [1928].
2. *Ibid.*, p. 27.

condamnée à commander une puissance encore plus aveugle[1]. »

Cette description du pouvoir sublimatoire de la technique est courante dans la littérature des années 1930, surtout dans le contexte du futurisme italien. Je ne l'évoque ici qu'afin de dégager l'élément dramatique par lequel Pavese touche à l'essentiel : lancé sur les routes « à une vitesse folle », le pilote renverse un jour un piéton qui meurt sur place. Des témoins accourus entourent le lieu de l'accident et le chauffard. L'écrivain raconte comment l'affaire fut vite réglée : « On le dégagea de toute responsabilité sans même qu'il ait à se disculper. Il put reprendre la route aussitôt », et à la même vitesse. Force est d'imaginer qu'on ne pouvait évidemment incriminer un pareil zombie. Lui-même s'aperçoit un court instant avec horreur qu'il n'éprouve aucun remords. « Rien, il n'éprouvait rien, comme s'il avait écrasé un chien. Ce que pouvait ressentir sa machine, c'est ce qu'il ressentait, lui. Rien d'autre[2]. » Fin de l'incident, donc. Transfiguré par la machine, le minable d'hier s'est désormais placé hors de portée humaine. C'est du haut d'une espèce de Golgotha qu'il se précipite plus tard dans la mort, avec sa machine. « Quand on le retrouva, dans sa poitrine défoncée, l'axe du volant était fiché comme une lance[3]. » Fin de l'épisode.

Par-delà bien et mal, l'homme qui épousa la machine méritait-il enfin la béatification réservée aux saints ? Qui sait si nous ne devrions pas attendre de la technique la rédemption finale ?

---

1. *Ibid.*, p. 31.
2. *Ibid.*, p. 32.
3. *Ibid.*, p. 33.

Quand « technique » rime avec « éthique »

On a longtemps répété que la technique est amorale, qu'elle est foncièrement étrangère aux valeurs. C'est par exemple un leitmotiv chez Jacques Ellul. Examinant la manière dont la technique est devenue une force autonome, sans autre fin qu'elle-même, il observe qu'elle « ne supporte aucun jugement moral. Le technicien ne tolère aucune insertion de la morale dans son travail : celui-ci doit être libre. Il paraît évident que le chercheur n'a absolument pas à se poser le problème du bien ou du mal, du permis ou du défendu de sa recherche. Celle-ci *est*, tout simplement [1] ». On rencontre pourtant un nombre croissant d'ingénieurs ou de techniciens soucieux de contribuer à un monde désirable et de soutenir le caractère humaniste de leur activité. Il est possible, prétendent-ils, de vivre mieux grâce à eux. L'étrange serait qu'on s'en étonnât, alors même que nos idéaux modernes se sont construits sur la confiance mise dans les sciences et les techniques. Mais « vivre mieux », ce n'est pas un objectif pour la morale qui se contente de prescrire le bien et d'éviter le mal. La technique rime opportunément avec l'éthique qui, elle, cherche le meilleur et vise avant tout à obtenir des hommes qu'ils s'évertuent à préserver entre eux l'équilibre et l'harmonie.

C'est justement parce que les objets qui nous entourent et qui sont issus du génie ou de l'industrie des hommes sont une part déterminante dans les conditions de notre « bien-vivre » que la question éthique concerne le techni-

---

1. Jacques Ellul, *Le Système technicien, op. cit.*, p. 159. Ellul mentionne cependant 1968 comme une date où la prise de conscience de la nécessité d'interroger les fins de l'activité technique a pu commencer à s'imposer.

cien ou l'ingénieur. Qu'on le veuille ou non, ces objets font partie du contexte dans lequel nous avons à affirmer des valeurs – ce que les philosophes appellent « une axiologie ». Au point qu'il devient clair qu'en excluant la technique de la morale, on révèle seulement l'étroitesse du point de vue auquel on aurait voulu soumettre la condition humaine : en morale, les hommes ont d'abord affaire avec eux-mêmes et l'on trouve souvent suspect qu'ils invoquent le contexte de leurs actions pour relativiser le jugement qu'il faudrait porter sur elles. Ils observent des comportements dont la portée est limitée à leur conscience ou aux intérêts qu'ils partagent avec leurs semblables.

Moins abstraite et moins unilatérale, l'éthique est plus ambitieuse : cherchant à identifier les critères du bien-vivre individuel et collectif, elle tient compte des circonstances et des éléments qui composent l'environnement existentiel des hommes – et donc de la présence des animaux et des machines autour d'eux. Sa vocation est d'assurer la cohérence et la pacification des rapports de l'individu avec ce qui l'entoure. Considérer la technique comme amorale, c'était au mieux la soupçonner de dévoyer les hommes, c'est-à-dire de leur faire perdre le sens de la mesure du bien et du mal. C'était au pire la neutraliser et négliger le rôle qu'elle est amenée à jouer non seulement dans le quotidien des hommes, mais aussi dans l'image qu'ils se font d'eux-mêmes ainsi que dans la détermination de leurs idéaux. C'est pour avoir compris ce rôle, dénié par une culture exclusivement entêtée de valeurs éternelles et abstraites, que les ingénieurs et les techniciens argumentent de plus en plus, aujourd'hui, la dimension éthique de leur activité.

La revendication du non-humain

La promotion contemporaine de l'éthique a un rapport avec les effets de la montée en puissance d'une préoccupation pour les ensembles, les structures et les systèmes, contre une culture qui privilégiait la conscience solitaire, le face-à-face du sujet et de l'objet, de l'homme et de la nature. Parce qu'on est tenté, depuis déjà plusieurs décennies, de substituer à la position prétendument toute-puissante du sujet (le *cogito* cartésien) le préalable de sa relation avec les autres et avec son environnement, on s'expose à conclure qu'il faut convoquer dans la définition de l'humain ce qu'on en rejetait jusque-là. En d'autres termes, le non-humain revendique aujourd'hui une dignité ontologique que l'anthropocentrisme traditionnel lui refusait. L'éthique reflète en partie cette revendication : le bien-vivre des hommes y est au prix d'une pacification avec le non-humain, qu'il s'agisse des animaux, des machines, ou de tous les artifices (ou artefacts) par lesquels nous organisons et stabilisons nos relations avec les autres.

La morale pouvait nous vouloir solitaires, n'ayant d'autre interlocuteur que notre conscience ou d'autre souci que le calcul de nos intérêts réciproques. L'éthique nous restitue à la complexité du monde, nous plonge dans l'embrouillamini des relations. Isabelle Stengers et Bruno Latour ont inventé le concept de « cosmopolitique » pour exprimer la rupture devenue nécessaire avec une conception monadique (c'est-à-dire fermée) du sujet humain, telle que les Grecs aussi bien que Kant l'ont illustrée. Le « cosmos » dont il est question, précise Isabelle Stengers qui désire démarquer sa « cosmopolitique » de l'usage grec et kantien du mot, « a peu à voir avec le monde où le citoyen antique s'affirmait partout chez lui, ni avec une terre enfin unifiée où chacun serait citoyen ». Il définit plutôt une perspective qualifiée par elle d'« étho-écologique » parce qu'elle entend affronter conjointement la manière dont les êtres organisent leur milieu (*ethos*) et celle dont leur habitat (*oikos*) satisfait aux exigences de viabilité de ce milieu. Ainsi conçue, la cosmopolitique a naturellement pour vocation d'orienter l'action et la pensée dans le sens d'une convergence entre l'humain et le non-humain. Elle désigne en ce sens l'utopie d'une écologie politique [1], décidée à récuser « le Grand Partage » (entre l'homme et la nature) que la modernité croyait instaurer et qui est à l'origine du renvoi de la technique dans une neutralité amorale.

En un sens voisin des engagements cosmopolitiques de Stengers et Latour, Michel Serres explique volontiers que l'idée de Contrat naturel qu'il défendit jadis ne traduisait pas chez lui un accès d'animisme aigu, comme on l'en a soupçonné, mais qu'elle exprimait le fait que nous avons affaire non seulement avec des hommes mais aussi avec des plantes, des animaux, de l'eau, des objets de toutes sortes... Bref, avec tout ce qui forme la totalité ouverte dont s'entretient notre existence individuelle et sociale. À cet égard, il avoue reprocher à la philosophie de s'être focalisée, dès ses premiers commencements, sur la *polis*, c'est-à-dire sur la cité limitativement constituée par les seuls citoyens, au détriment de toute autre relation. Mieux

1. Voir Isabelle Stengers, « Un engagement pour le possible », in *La nature n'est plus ce qu'elle était*, revue *Cosmopolitiques*, n° 1, Éditions de l'Aube, 2002 ; Bruno Latour, *Politiques de la nature. Comment faire entrer les sciences en démocratie*, La Découverte, 1999. Voir aussi *L'Émergence des cosmopolitiques*, sous la direction de Jacques Lolive et Olivier Soubeyran, La Découverte, 2007.

vaudrait substituer à la « politique », proclame Michel Serres, l'idéal suggéré par le concept (latin) de *familias* pour défendre l'exigence éthique requise par les multiples relations qui édifient le stade d'hominisation que nous avons atteint et qu'il nomme « l'hominescence[1] ». La cosmopolitique devrait ainsi déraciner la politique issue d'Aristote et de Kant, cette politique qui s'en tient exclusivement à l'intersubjectivité humaine, et ouvrir le dialogue avec le non-humain qui nous fait – justement – humains...

Les machines, la morale et nous

Cette ambition réconciliatrice, dont dépend donc la « moralisation » de la technique – si l'on veut bien entendre par là qu'elle ferait en ce cas l'objet d'évaluation selon les fins qu'elle sert et qu'elle appellerait une discussion permettant de rassembler les hommes autour des questions de valeur –, cette ambition n'est certes pas nouvelle. Ainsi, au cours des rencontres internationales de Genève, intitulées « Le robot, la bête et l'homme » et organisées en 1965 avec le concours de l'UNESCO, Roger Caillois, auquel fut confiée la première intervention, l'exprima sans ambages : « Je me persuade que la fraternité de l'univers humain et de l'univers animal s'étend bien au-delà de la simple biologie[2]. » Reste qu'il tenait encore à l'écart l'univers des machines qu'il réduisait à celui d'« esclaves construits par l'homme sur ses calculs et pour

1. Voir Michel Serres, *Hominescence*, Le Pommier, 2001, pp. 14-15.
2. Roger Caillois, in *Le Robot, la bête et l'homme*, Éditions de la Baconnière, 1966, p. 25.

son service ». Ce que ne fit pas, au cours de ces rencontres, un autre conférencier, Guido Calogero, dont le propos intitulé « L'homme, la machine et l'esclave [1] » fit forte impression. En effet, Calogero entreprit de montrer que « notre relation avec les machines n'est pas de nature logique ou ontologique, mais de nature morale ». On n'aurait pas pu mieux annoncer combien la technique productrice de robots mérite d'être associée à l'humain.

Anticipant les thèses contemporaines du philosophe américain Daniel Dennett qui encouragent, par exemple, à créditer la machine à jouer aux échecs d'intentions comparables à celles de son adversaire humain [2], afin de l'affronter au mieux, Calogero n'hésite pas à soutenir que « nous n'avons, en face des robots, aucun problème autre que celui qui nous est posé par toute possible existence d'autrui [3] ». Le propos est audacieux, surtout en un temps où la robotique est encore rudimentaire. Elle n'a pas encore produit d'humanoïdes du type des « HRP-2 Promet », dont les Japonais sont si fiers, ni de l'espèce des « émorobots » dont le programme européen *Feelix Growing* attend qu'ils interagissent avec les humains « d'une manière socialement et émotionnellement appropriée [4] ». Inviter à entretenir des relations morales de

1. Guido Calogero, « L'homme, la machine et l'esclave », in *Le Robot, la bête et l'homme*, *op. cit.*

2. Voir Daniel Dennett, *La Stratégie de l'interprète*, Gallimard, 1990, et « Les systèmes intentionnels », in *Philosophie*, n° 1, Éditions de Minuit, 1994.

3. Guido Calogero, « L'homme, la machine et l'esclave », in *Le Robot, la bête et l'homme*, *op. cit.*

4. Voir par exemple, sur ce point, *Le Journal du CNRS*, n° 212, septembre 2007, « Les robots à l'école des émotions », ou le journal *Le Monde* du 23 juin 2007, « Les robots apprennent les émotions humaines ».

l'ordre du « je » et du « tu », à observer un comportement éthique avec ce que Roger Caillois affectait de considérer comme « de la ferraille, une matière manufacturée où passe un courant avec de misérables grésillements [1] », voilà qui paraissait en 1965 relever du délire d'un philosophe nourri à la science-fiction d'Asimov. Pourtant, l'argumentation de Calogero n'était pas superficielle et elle paraît aujourd'hui susceptible d'étayer l'éthique posthumaniste qui nous occupe ici. Il faut en suivre les grandes lignes pour se convaincre du défi que la technologie impose aux préjugés humanistes qui prétendaient limiter l'application des valeurs morales aux seuls humains.

Guido Calogero évoque, pour commencer, une œuvre dont il rappelle combien elle a influencé les théoriciens de la cybernétique : *Erewhon ou De l'autre côté des montagnes* (1872) de l'écrivain britannique Samuel Butler [2]. Le livre raconte l'histoire d'un homme égaré dans le monde de Nulle Part (*Nowhere*) et qui, de passage dans la ville de Trappellune, est mis en prison parce qu'il porte une montre. Scandalisé, il découvre alors qu'il est victime de lois locales interdisant l'introduction de machines, au motif qu'elles pourraient être soumises à une évolution darwinienne qui les rendrait supérieures aux hommes. Calogero considère que cette fable sert à juste titre la cause des cybernéticiens soucieux de persuader leurs contemporains des ressources de l'intelligence du robot et de les préparer à la dépossession que son développement ne manquera pas de produire. Une fable alarmiste ?

---

1. Roger Caillois, in *Le Robot, la bête et l'homme, op. cit.*, p. 30.
2. Traduit en 1920 à la NRF, puis en 1981. Une traduction par Valéry Larbaud est disponible dans la collection « L'Imaginaire » chez Gallimard.

Dans son *Essai sur l'histoire de la nature humaine* (1968), Serge Moscovici expliquait ce qui a changé avec la cybernétique et pourquoi la perspective de l'élimination de l'homme a pu très tôt s'en déduire : l'automation généralisée qu'elle annonce ne relève plus de l'ordre du fonctionnement de l'horloge ni même de celui de l'esclave mécanique obéissant à un programme donné à l'avance. Dans ces deux cas, l'agent humain restait naturellement nécessaire. Avec la cybernétique, les choses changent en effet : on a affaire à des dispositifs techniques d'échange d'informations avec le monde extérieur, dont « l'action est réglée par les *éléments sensoriels* qui renseignent sur le comportement à adopter et déterminent celui-ci, au fur et à mesure de l'exécution, par action en retour » (p. 99). Les robots envoyés par la NASA sur Mars sont les exemples les plus célèbres de ces dispositifs autorégulés. Le lexique de Moscovici est déjà daté pour dire ce avec quoi l'on s'habitue de plus en plus, à savoir la fréquentation de machines qui interagissent avec leur environnement, sans que nous ayons besoin d'intervenir, et qui communiquent entre elles, en quelque sorte par-dessus nos têtes.

Le scénario du futur est à présent connu et *Erewhon* l'anticipait : un monde dans lequel les objets techniques entreront de plus en plus en réseaux, et où, par exemple, nos automobiles échangeront des informations entre elles, comme l'expliquait récemment l'informaticien Gérard Berry [1]. Certes, il restera encore aux hommes à réguler l'interaction des automates, à la surveiller, à la contrôler

1. Gérard Berry s'est vu proposer la chaire annuelle d'innovation technologique Liliane-Bettencourt au Collège de France et il a prononcé le 18 janvier 2008 sa conférence inaugurale sur le thème « Pourquoi et comment le monde devient numérique ».

– bref, à assurer l'organisation d'une production qui s'effectue désormais sans eux. Mais la fiabilité des machines s'accroissant, l'initiative humaine risque de faire long feu. Sans céder au catastrophisme du message porté par la fable, Bruno Latour invoque aussi *Erewhon* dans son livre *Aramis ou l'Amour des techniques*[1] (qui étudie l'échec du programme de réalisation d'un minimétro dépourvu de conducteur). La défiance à l'égard du pouvoir des machines qui s'y exprime lui semble le symptôme de l'incapacité de la Modernité à intégrer ce qu'elle a généré. Il considère qu'*Erewhon* offre en creux la description de « notre univers intellectuel dont nous avons éradiqué toute technique, où l'on punit sévèrement ceux qui s'intéressent à l'âme des machines en les enfermant dans un monde à part, celui des ingénieurs, des techniciens et des technocrates ».

Quoi qu'il en soit, la référence au livre de Butler trouverait de multiples justifications dans le contexte des questions posées aujourd'hui par les progrès technologiques. À commencer par celles qui sont soulevées par leur extraordinaire rapidité. « Je ne crains aucune des machines actuelles, explique l'interlocuteur du héros. Ce qui me fait peur, c'est la rapidité avec laquelle elles sont en train de devenir quelque chose de différent de ce qu'elles sont à présent. Aucune classe d'animaux ou de végétaux n'a fait, à aucune période du passé, des progrès aussi rapides. Est-ce que ce progrès ne devrait pas être jalousement surveillé, et arrêté pendant que nous pouvons encore l'arrêter ? Et pour cela n'est-il pas urgent de détruire les plus avancées

1. Bruno Latour, *Aramis ou l'Amour des techniques*, La Découverte, 1992.

des machines en usage aujourd'hui, bien que nous admettions qu'elles soient, par elles-mêmes, innocentes ? » Et le trappellunien d'ajouter : « En réalité, il faut considérer les machines comme le mode de développement par lequel l'organisme humain est en train de se perfectionner. [...] Car un train n'est pas autre chose qu'une botte de sept lieues que cinq cents personnes peuvent posséder en même temps. »

Cette conclusion semblera anodine, à l'heure des nanotechnologies où il n'est plus question que d'« augmenter » la nature humaine, en la dotant de facultés amplifiées. Calogero la retenait seulement pour ce qu'elle force à penser, à savoir la supériorité prévisible des machines sur la plupart des activités humaines. S'il avait voulu commenter davantage l'œuvre de Butler, il aurait sans doute tiré parti des aperçus formulés dans les chapitres 23 et 25 qui anticipent sur les thèmes de la philosophie de l'esprit d'aujourd'hui : « Qui peut dire qu'une locomotive n'a pas une sorte de conscience ? Où la conscience commence-t-elle, et où finit-elle ? [...] Après tout, la différence entre la vie d'un homme et celle d'une machine est plutôt de degré que de nature. » Bien entendu, il reste des différences qui peuvent paraître irréductiblement naturelles : « Un animal possède davantage de pouvoir d'initiatives que la machine, mais celle-ci est moins versatile. » Admettons seulement, conclut le narrateur de la fable de Butler, que « les machines sont encore dans leur enfance ; elles ne sont encore que de simples squelettes sans muscles ni chair ».

L'essentiel est dit, qui justifie dans *Erewhon* qu'on veuille proscrire, dans le monde de Nulle Part, le produit des techniques robotiques, mais qui offre aussi à Guido

Calogero l'argument de sa démonstration en faveur d'une prise au sérieux des promesses de la cybernétique : « Nous n'avons aucune raison rigoureuse pour nier, par avance, que de futurs robots seront capables d'accomplir les tâches les plus hautes de l'intelligence humaine [1]. »

Le point de vue des robots

C'est en vertu d'une telle prémonition qu'il convient de se demander comment nous pourrons bien vivre avec de tels robots, quelle éthique nous partagerons avec eux, qui permettra l'harmonie de nos relations. Les Japonais ou les Coréens du Sud se posent déjà ces questions, eux dont la population vieillit et qui envisagent le robot comme l'instrument prochain de leur vie quotidienne. Et l'on extrapole déjà sur les prérogatives qu'il faudra accorder aux robots qui nous feront la vie plus facile : « Seront-ils autorisés à voter, obligés de payer des impôts, de faire leur service militaire ? », comme le demandaient sans ironie apparente Françoise Lazare et Philippe Mesmer dans un article du *Monde* (lundi 10 septembre 2007).

On voit déjà que le problème des robots n'est plus d'abord technique ; « il est avant tout un problème de morale et de politique, c'est-à-dire de coexistence dans une civilisation possible ». Comment réagir à leur supériorité au cas où ils se trouveraient en mesure de l'exploiter pour nous dominer ? Comment prévenir les exactions qu'ils

1. Guido Calogero, « L'homme, la machine et l'esclave », in *Le Robot, la bête et l'homme*, *op. cit.*, p. 67.

pourraient commettre lors de conflits armés[1] ? Avons-nous encore la liberté de les employer comme nos esclaves ? Sommes-nous fondés à leur refuser des droits ? Cette dernière question fut posée par le quotidien *Le Monde*, en écho aux réponses formulées notamment par les Britanniques et les Japonais qui se demandent sérieusement « ce qu'il faut apporter aux robots en échange du développement de leur intelligence artificielle ». On apprenait qu'un rapport de prospective remis au gouvernement britannique préconise l'octroi d'une couverture sociale pour assurer le bon fonctionnement de l'équipement des robots, que des chercheurs américains du MIT (Massachusetts Institute Technology) recommandent d'accorder à la question du droit des robots la même attention qu'à celle du droit des animaux, qu'« une charte éthique des robots » inspirée par Isaac Asimov[2] est en cours de rédaction en Corée du Sud…

Autant de signes qui obligent évidemment à inscrire la relation des hommes et des machines dans le registre de l'humain. Guido Calogero paraît du coup presque insigni-

---

1. Dans un article du *Guardian*, Noel Sharkey pose très sérieusement la question en soulignant que « les recherches pour aboutir à des robots autonomes, qui prennent leurs propres décisions en ce qui concerne les actions mortelles, sont une priorité pour l'armée américaine ». Et il conclut son analyse par ce constat désabusé : « Nous allons confier la responsabilité de pertes humaines à des machines qui ne sont même pas assez intelligentes pour être considérées comme stupides. » Voir le supplément « Technologies » à *Courrier international* du 13 au 19 novembre 2008, p. 12.

2. Rappelons les trois lois de cette fameuse charte des robots proposée par Isaac Asimov : « Première loi : un robot ne peut ni porter atteinte à un être humain, ni rester passif devant un être humain exposé à un danger. Deuxième loi : un robot doit obéir aux ordres donnés par les êtres humains, sauf si de tels ordres sont en contradiction avec la première loi. Troisième loi : un robot doit protéger son existence dans la mesure où cette protection n'est pas en contradiction avec la première ou la deuxième loi. »

fiant. Ne souhaite-t-il pas que nous considérions les robots comme des *autres* à part entière ? Autrement dit que nous cherchions à savoir « si et quand ils deviennent vraiment des autres », en cessant d'être des moyens que nous pouvons faire servir à nos fins, pour devenir des êtres indépendants que nous devons « respecter dans leur autonomie [1] ». L'absolu du dialogue, l'absolu de la relation morale, selon le philosophe italien, consiste à donner la préséance au dialogue sur la nature des dialoguants eux-mêmes. En d'autres termes : à ne pas exiger *a priori* que l'autre ait prouvé qu'il était digne de l'interlocution, en attestant par exemple qu'il possède comme moi quelque chose comme une âme. Le dialogue est précisément destiné à permettre de faire droit au désir réciproque d'être compris, même et surtout lorsqu'il met en présence des êtres différents. Vecteur de l'universalité où se reconnaît la morale, il vaudrait en ce sens, indifféremment, pour l'homme, l'animal, l'extraterrestre ou le robot, si tant est que chacun requiert l'effort pour comprendre et être compris.

La morale et le droit se prêtent peu aux révolutions, ne fussent-elles que mentales. Force est pourtant d'envisager que les robots – et plus largement les technologies productrices d'êtres potentiellement autonomes – nous contraignent à réviser de fond en comble nos certitudes. L'ère du posthumain qui s'annonce est, pour cette raison, propice à la philosophie.

Comment envisager, donc, qu'un robot androïde chargé, par exemple, de garder des enfants, capable en conséquence

1. Guido Calogero, « L'homme, la machine et l'esclave », in *Le Robot, la bête et l'homme*, *op. cit.*, pp. 69-70.

de déchiffrer sur leur visage les signes de leurs émotions, de comprendre et d'échanger vocalement avec eux une quantité de mots – comment envisager qu'il n'éveille pas l'interrogation existentielle provoquée par la présentation devant moi de celui qui n'est pas moi, mais que je puis percevoir comme un autre, éventuellement comme mon *alter ego* ? Je pourrais difficilement imaginer que ce robot, dont l'apparence et le comportement me semblent tout humains, est une simple chose, mais je serais peut-être conduit à envisager qu'il occupe dans le monde une place d'où pourrait s'exprimer un point de vue propre, tel qu'une demande de dialogue pourrait s'en déduire.

C'est en effet, je viens de le soutenir, le préalable constitutif de l'éthique susceptible d'engager l'échange de l'humain et du non-humain : la supposition d'un désir, éprouvé de part et d'autre, d'être compris de son point de vue propre. On n'évitera pas le soupçon d'animisme, ainsi que le définit l'anthropologue Philippe Descola : « l'imputation par les humains à des non-humains d'une intériorité identique à la leur [1] ». Mais la charge de la preuve contre le bien-fondé de cette attitude, trop vite jugée régressive et irrationnelle, est désormais du côté des cartésiens qui ont eu trop vite fait de réserver aux seuls hommes, dotés d'une âme, le privilège d'avoir une vie intérieure.

L'univers des robots, après celui des animaux, appelle de toute façon la remise en question du credo dualiste selon les termes duquel l'homme seul serait mystérieusement composé d'une âme et d'un corps, tandis que les animaux ne seraient que de simples machines. L'existence de l'autre qui justifie la nécessité de toute morale n'est, en tout cas,

1. Philippe Descola, *Par-delà nature et culture*, Gallimard, 2005, p. 183.

plus du ressort exclusif de la logique ou de l'ontologie ; elle relève de la prise en compte de la présence en lui du désir, du plaisir ou de la douleur. C'est par là que le droit des animaux, dont la capacité de souffrir n'est plus guère mise en doute, a déjà acquis la dignité d'une problématique philosophique. C'est en quoi les robots pourraient bien être sur le point d'obtenir à nos yeux la propriété des êtres auxquels sont dues attention et sollicitude.

Plus cette perspective se laisse accepter et moins paraissent déconcertants les arguments mis en avant pour accueillir le non-humain dans l'humain : certes, les robots ne sont que des machines à calculer sophistiquées, mais les hommes ne développent-ils pas des automatismes en nombre toujours croissant, au fur et à mesure qu'ils progressent et s'affirment plus libres ? Examinant justement ce qui nous apparente aux machines, Arthur Koestler observait qu'« on peut décrire négativement la conscience comme étant cette propriété spéciale d'une activité *qui décroît à mesure que l'habitude se forme*[1] ». Nous partageons, pour l'essentiel de nos activités quotidiennes, cette vertu « automatesque », sans y diagnostiquer toujours de l'inhumanité. Certes, les robots ne seraient pas des « autres » pour nous car ils sont incapables de souffrir, mais les recherches des cybernéticiens visant à imiter la structure de notre système nerveux central doivent-elles se laisser décourager par semblable préjugé ? Évoquant à l'instant le robot androïde « baby-sitter », j'ai suggéré l'orientation des recherches techniques qui visent à donner aux robots les moyens de percevoir les émotions des

1. Arthur Koestler, « Le libre arbitre dans un contexte hiérarchique », in *L'Herne*, n° 27, p. 447.

humains et d'y apporter une « réponse intelligente [1] ». Il n'est pas inconcevable que ces machines arrivent bientôt à imiter les émotions qu'elles savent reconnaître.

Les programmes de recherche, axés notamment sur la conscience artificielle [2], conduiront forcément à revisiter certaines questions philosophiques. Notamment celles soulevées par quelques doctrines idéalistes, regroupées sous le vocable « solipsisme », qui doutent de la possibilité de prêter aux autres une faculté telle que la conscience, au motif que celle-ci est toujours vécue en première personne. Ces recherches sur la conscience artificielle, inspirées aussi par les neurosciences, devraient également jeter un nouveau jour sur l'empathie et ses différentes formes. Ce serait en tout cas aller vite en besogne que d'en invalider l'objet, donnant à croire que nous saurions exactement ce qu'est l'intériorité de la conscience dont résultent chez nous plaisir et souffrance. En l'absence de certitude sur ce point, on voit mal comment on pourrait refuser au cybernéticien la conviction que l'imitation du système nerveux par la machine, si elle permet d'obtenir des réactions analogues à celles que produirait un organisme vivant, peut nous conduire à considérer que cette machine souffre effectivement.

Depuis Samuel Butler, les progrès se sont accélérés. Il n'est plus temps de vouloir supprimer les machines, ni peut-être de s'effrayer de leur devenir. Mais leur pure instrumentalisation nous paraît problématique, dès lors

---

1. Voir par exemple *Le Journal du CNRS*, n° 212, septembre 2007, p. 33.
2. Voir par exemple, en France, les travaux d'Alain Cardon, notamment *Conscience artificielle et systèmes adaptatifs*, Eyrolles, 1999.

qu'elles imitent les comportements humains, au point de les perfectionner. Nous sommes à leur égard dans une posture analogue à celle qui nous a conduits à admettre l'animal domestique dans le cercle de l'humanité, au titre d'un être qui exprime un point de vue sur le monde méritant d'être interprété et compris. Il ne fait plus de doute que nous allons œuvrer de plus en plus pour cette « république des êtres qui ont le droit d'être compris », selon la belle expression de Calogero, et que c'est en cela que nous satisferons l'exigence éthique imposée par l'âge du posthumain.

2.

LE POSTHUMANISME, UNE ASCÈSE

Que serons-nous devenus dans un siècle ? La littérature futurologique offre deux types de réponses. Ou bien nous aurons surmonté les difficultés d'aujourd'hui et conquis l'avenir radieux dont nous avons toujours rêvé. Ou bien nous aurons sombré dans l'univers déshumanisé que laisse déjà entrevoir le mode de vie que nous développons de nos jours. Un ouvrage, intitulé *2100, récit du prochain siècle* [1], offre par tranches de siècle le scénario optimiste : déboussolés par la société d'information et par la mondialisation jusqu'en 2020, nous retrouverons l'équilibre grâce à la maîtrise de moyens techniques qui nous permettront de lutter contre l'illettrisme et d'aménager nos villes et leur environnement naturel. Dès cette époque, nous saurons envoyer dans l'espace des planètes creuses artificielles et,

1. Thierry Gaudin (dir.), *2100, récit du prochain siècle*, Payot, 1993, pp. 582-583.

par conséquent, résoudre les problèmes démographiques. Vers 2060, nous serons devenus des êtres instruits et créatifs, désormais sereins et dotés d'une conscience élargie à l'échelle de la biosphère Gaïa. Nos idéaux seront dominés par le culte de valeurs « féminines », c'est-à-dire pacifiques et spirituelles.

La version pessimiste de notre avenir nous décrit, en revanche, aux prises avec les mêmes technologies, mais dépassés par leur pouvoir et contraints de résister à l'invasion des robots que nous avons laissés proliférer avec tant de légèreté. Un livre-culte, *Neuromancien* – dont un film non moins adulé, *Matrix*[1], a été tiré –, a campé le décor très noir de notre vie à venir : « Le cyberespace. Une hallucination consensuelle vécue quotidiennement en toute légalité par des dizaines de millions d'opérateurs, dans tous les pays, par des gosses auxquels on enseigne les concepts mathématiques... Une représentation graphique de données extraites des mémoires de tous les ordinateurs du système humain. Une complexité impensable[2]... » Dans ce monde virtualisé, on peut bien vivre – à défaut de vivre bien –, à condition de s'adapter à la dimension sans profondeur ni affect que les technologies ont imprimé à l'humain. Seuls quelques réfractaires en voie de disparition paraissent encore éprouver la douleur d'exister et le souci de la liberté.

Utopie plutôt *New Age*, d'un côté, avec le triomphe de l'intériorité et la satisfaction des désirs. Utopie posthumaine, de l'autre, avec la description d'une humanité à peu près décérébrée et condamnée à céder la place aux créatures qu'elle a engendrées du temps où elle avait encore l'initia-

1. Film réalisé en 1999 par les frères Andy et Larry Wachowski.
2. William Gibson, *Neuromancien*, J'ai Lu, 2001, p. 64.

tive. Dans les deux cas, pourtant, une même leçon : il est vain de vouloir sauver le présent, il faut songer à fuir – peut-être dans quelque planète creuse –, se réfugier dans une enclave soustraite à l'histoire, se transformer ou même se dématérialiser pour habiter un espace virtuel. De toute façon, l'humanité ne survivra qu'en se rendant méconnaissable à elle-même.

Pour un autre homme : un autre langage

Les utopies que l'on qualifie de « posthumaines [1] » sont comme toutes les utopies : elles se construisent à partir d'un contexte historique qu'elles rejettent systématiquement. En l'occurrence, leur repoussoir, l'ancien monde avec lequel elles proposent la rupture, c'est le XXe siècle décrit comme une période ayant imposé un ordre mortifère et endigué tout ce qui promettait d'émerger. C'est l'ennui d'être ce qu'on est qu'il faut secouer, parce qu'il s'accommode de l'entropie qui mine l'histoire des hommes. Héritiers, sans toujours le savoir, du surréalisme, les utopistes du posthumain entendent faire prévaloir la cause de l'imaginaire et orchestrer systématiquement la subversion, en mobilisant les forces de la science et de la technologie. Apparus dans les années 1930, ils partagent la conviction que les sciences et les techniques peuvent constituer le tremplin qui permettra de dépasser ce que les

1. Voir Rémi Sussan, *Les Utopies posthumaines. Contre-culture, cyberculture, culture du chaos*, Omniscience, 2005. J'utiliserai largement ici les éléments réunis par Rémi Sussan pour construire la généalogie d'une contre-culture qui aboutit à projeter pour l'humanité un au-delà salvateur. Voir aussi le site de l'auteur : www.utopies.posthumaines.com

hommes ont figé en réalités intangibles, malgré les pouvoirs qu'ils se sont arrogés sur la nature. À leur manière, ils répondent à l'encouragement au « surrationalisme » prodigué par Bachelard qui s'impatientait contre l'inertie épistémologique de ses contemporains, trop timorés selon lui à l'égard du potentiel des révolutions relativiste et quantique. Qu'on ne s'attende donc pas à trouver chez ces utopistes la dénonciation du progrès devenue insistante après Auschwitz et Hiroshima. La critique de la modernité n'entre pas dans leur objectif qui est bien plus exigeant : il s'agit de dépasser la nature humaine, ni plus ni moins. La science-fiction avait préparé le terrain, sur un plan littéraire. Il devient possible de lui accorder désormais le crédit philosophique qui légitimera les programmes techniques et scientifiques de l'avenir. L'un de ces utopistes, Timothy Leary, parle de « science-faction » pour désigner « la création de mythes inspirés de la science afin d'agir directement sur la conscience collective [1] ». Et c'est bien cela dont l'humanité a besoin pour en finir avec elle-même…

Étrange destin que celui des modernes que nous sommes et que révèlent les fantasmes générés par la technoscience contemporaine : après avoir voulu être tout, nous pourrions aspirer à n'être plus rien. Ou, en tout cas, à être autres, radicalement autres. La volonté d'autonomie, générée et entretenue par les promesses de la philosophie cartésienne ainsi que par celles de la science de Galilée, a engendré une manière de « fatigue d'être soi [2] » à laquelle

1. *Ibid.*, p. 12.
2. Selon le titre de l'ouvrage d'Alain Ehrenberg, *La Fatigue d'être soi. Dépression et société*, Odile Jacob, 2000.

voudraient remédier ces utopies en annonçant comme une bonne nouvelle la fin prochaine de l'humanité. Ultime titre de gloire pour les hommes, ce sont leurs découvertes scientifiques et leurs prouesses technologiques qui devraient assurer leur relève dans une posthumanité. Ce sont elles qui permettront de mettre en place les conditions d'un regain au contenu encore parfaitement indéterminé. L'arrogance moderne est sauve, même si son résultat nous échappe.

L'obsession de s'arracher à la nature, par laquelle on a souvent décrit l'esprit moderne, s'est donc transmuée en une aspiration à transgresser la nature humaine. Les expressions prises par ce désir de métamorphose sont nombreuses et constituent les utopies posthumaines. Parmi elles, l'ambition de réformer le langage, ce propre de l'homme qui conditionne notre compréhension de la nature et qui peut aussi la pervertir. Les philosophes, critiques de la tradition métaphysique inaugurée par Platon, connaissent bien cette tentation d'incriminer le langage. Il serait responsable, selon eux, d'avoir réduit notre rapport au monde à sa seule dimension utilitaire – les mots ayant la vertu paradoxale de nous donner prise sur les choses.

Rémi Sussan, dans l'histoire qu'il consacre aux utopies posthumaines, fait figurer en première place la discipline inventée par Alfred Korzybski (1879-1950), sous le nom de « sémantique générale », pour tâcher de restaurer un rapport sain avec le monde [1]. À l'en croire, c'est la citadelle du préjugé identitaire, tel que le pouvoir de catégorisation

1. C'est dans un ouvrage intitulé *Science and Sanity*, publié en 1933, que Korzybski développe sa sémantique générale. Cet ouvrage fut partiellement

des mots l'impose, qu'il fallait prendre d'assaut en premier lieu, et Korzybski s'y serait attaché en proposant une théorie de la non-identification.

Convenons que la stratégie de rupture n'est pas mauvaise pour inaugurer une réforme de l'humanisme : si nous croyons en l'homme, c'est pour autant que nous croyons dans les descriptions conceptuelles qui nous l'offrent comme une réalité spécifique, clairement distincte des êtres et des choses qui l'environnent. La foi de l'humaniste est mise en un animal raisonnable et sociable, selon la définition d'Aristote. Ses qualités et ses facultés lui permettent de prétendre à la domination de la nature, selon Descartes. Mais supposé que nos concepts viennent à faillir, à révéler qu'ils sont mensongers ou, en tout cas, approximatifs, la chose qu'ils désignent ne s'en trouvera-t-elle pas affectée ?

Vieux débat, qui évoque la querelle médiévale du nominalisme et du réalisme, celle-là même qu'Umberto Eco a rendue emblématique dans *Le Nom de la rose*[1]. L'émancipation reste au prix d'un semblable débat qui engage les limites et vertus du langage. Alfred Korzybski, de son côté, se laisse impressionner par les arguments des logiciens et des physiciens de son temps, qui portent à abandonner les prin-

---

traduit, en 2001, aux Éditions de l'Éclat, sous le titre *Une carte n'est pas le territoire. Prolégomènes aux systèmes non-aristotéliciens et à la sémantique générale.*

1. À travers le personnage de Guillaume de Baskerville, Umberto Eco célèbre le combat idéologique du moine franciscain Guillaume d'Ockham (vers 1285-1347), attaché à récuser ce qu'on nommait les universaux, c'est-à-dire les concepts universels et abstraits dont se réclamaient dogmatiquement les autorités ecclésiastiques. Le nominalisme est attaché à la figure d'Ockham et emblématise la défense philosophique de l'individu et des réalités singulières.

cipes aristotéliciens d'identité et de tiers exclu. La science du XXe siècle bouscule en effet la logique sur laquelle reposait l'ontologie des philosophes depuis les Grecs : elle nous impose, par exemple, de penser la double nature corpusculaire et ondulatoire de la lumière et, finalement, d'admettre la superposition des états quantiques qui déjoue l'opération d'identification des particules. Le principe qui voulait que tout objet soit clairement identifiable dans l'espace et le temps n'y survit pas. Depuis lors on en conclut qu'il faut en finir avec la logique et les catégories d'Aristote, si l'on veut être à la hauteur des découvertes de la microphysique ! Le champ est désormais ouvert au « monde du non-A » (c'est-à-dire *non-aristotélicien*), celui dont l'écrivain A. E. Van Vogt a livré la fiction, en parfait disciple de Korzybski ! La sémantique générale met d'abord en évidence l'incapacité constitutive du langage à décrire le réel de manière univoque, ce qui constitue une sorte d'objection pour les scientifiques et métaphysiciens qui ont rêvé de créer une langue parfaitement transparente, dont pourrait résulter un pouvoir technique intégralement contrôlable. En fait, le mot est incapable de tuer la chose, on peut s'en réjouir si l'on est poète, mais aussi le déplorer si l'on considère la science comme un langage idéalement bien formé, susceptible de clarifier l'embrouillamini du réel.

Cette résistance de la réalité à se laisser remplacer par l'expression qui prétend en tenir lieu est au fond un gage de liberté. Une formule de Korzybski – « La carte n'est pas le territoire » – a voulu traduire la revanche du réel (ici : l'espace tangible tel qu'il s'offre à l'exploration) contre la représentation censée l'offrir au regard (ici : le relevé topographique). Cette formule est devenue de nos jours le slogan des sciences de la complexité, réfractaires aux prétentions analytiques du cartésianisme et qui expérimentent la sous-détermination des phénomènes par les théories supposées les expliquer. « La carte n'est pas le territoire » prévient contre la simplification à laquelle se sont condamnées la science et la philosophie occidentales qui s'imaginaient réduire la nature aux concepts qu'elles en pouvaient forger. « La carte n'est pas le territoire » formule donc le projet d'une compréhension du monde qui récuserait l'entreprise d'identification des objets par les concepts et qui, si l'on comprend bien l'esprit de la sémantique générale, préserverait finalement comme leur richesse l'indétermination des êtres et des choses.

Rémi Sussan rapporte que certains disciples de Korzybski se mirent à pratiquer un langage artificiel, le « E-Prime » (« English Prime »), dont la caractéristique était de proscrire le verbe « être », non pas comme auxiliaire mais comme signe d'identité. Ne restait à ce langage que la possibilité de dire la similarité ou l'association, mais pas celle d'affirmer l'égalité ou l'identité. Avec l'« E-Prime », nous pouvons associer une réalité à une autre, dans une proposition, mais pas la réduire à elle dans une relation d'identité. « Georges Durand est un égoïste » est une proposition rendue possible par « le Langage A », celui qui identifie de manière catégorique et prétend livrer la réalité dernière. « Dans telles circonstances et à l'égard de telle personne, Georges Durand s'est comporté d'une façon qui, selon mes propres standards, me paraît égoïste » est la proposition que s'autorise seulement « le Langage non-A ». Celui-ci s'interdit en effet de réduire un sujet à son attribut et n'ignore pas combien les préjugés culturels peuvent imposer des critères susceptibles de biaiser les jugements de valeur.

De son côté, Sussan invoque un exemple qui, pour anodin qu'il paraisse, n'est pas sans portée éthique : on ne saurait déclarer que « Georges est un imbécile » mais seulement expliquer que « Georges, dans tel contexte, nous semble avoir agi de façon imbécile ». Autrement dit, le principe d'identité, qui enfermerait Georges dans l'attribut « imbécile » censé l'identifier intégralement – lui qui est aussi comptable, père de famille, sportif... –, cède le pas à la simple association notionnelle qui le décrit aux yeux d'un observateur situé dans un contexte particulier[1]. Il est bien entendu permis de voir dans cet usage prudent du langage la manifestation naïve d'un beau sentiment – celui qui nous détourne des jugements sans appel et qui sollicite notre générosité à l'égard de l'autre. Mais il faudra aussi y voir l'intention d'en finir avec une conception fermée de l'homme, telle que l'humanisme l'a longtemps confortée : celle qui le définissait par une essence soustraite au temps et à l'espace, à laquelle il se devait d'être conforme pour satisfaire à la morale.

Ainsi paraît l'enjeu de cette réfutation du lexique et de la grammaire de l'identité qui composent le langage prétendument rigoureux de la science : rompre avec la thèse substantialiste sous-jacente à l'humanisme traditionnel et que véhicule une conception du langage tentée de confondre les mots (la carte) avec les choses (le territoire). La sémantique générale entend remettre les mots à leur place et nous débarrasser des conflits qu'ils engendrent lorsqu'on se dispute les réalités qu'ils prétendent recouvrir. Il s'agit de redonner aux mots leur vertu première qui est de nous mettre en relation avec la réalité extérieure. Il s'agit aussi de

1. Rémi Sussan, *Les Utopies posthumaines...*, *op. cit.*, pp. 21-22.

reconnaître qu'ils peuvent seulement suggérer un ordre structural – et non pas substantiel –, tel que les mathématiques en donnent l'exemple, et que, par conséquent, la charge émotionnelle dont ils sont porteurs ne leur est pas essentielle. On doit pouvoir s'entendre avec et grâce à eux, pour autant qu'on ne les transforme pas en fétiches.

C'est dire qu'est concevable un au-delà de l'humanisme traditionnel, le dépassement de cette posture consistant à récuser l'essence et la définition de l'homme comme le garant de toute certitude. Jean-Paul Sartre le disait déjà, en 1946, dans sa fameuse conférence « L'existentialisme est-il un humanisme ? » : contre l'humanisme classique, qualifié par lui de « fasciste [1] » parce qu'il a toujours couvert les pires méfaits (notamment la colonisation) et qu'il exclut par principe l'autre dès qu'il déroge à la définition de l'homme qu'on a fixée en norme intangible, il est possible de concevoir un autre humanisme. Fondé sur la priorité accordée à l'existence sur l'essence, il se caractérise par son ouverture à la contingence de l'histoire. Nous reviendrons sur cette alternative à l'humanisme fermé, qui connote aux yeux des utopistes du posthumain l'ordre mortifère avec lequel il est urgent de rompre.

Qu'il soit clair, en attendant, que la méfiance à l'égard de l'enfermement dans le concept, auquel invite la fétichisation des mots, est emblématique du désir de promouvoir les conditions d'une posthumanité : l'avènement des possibles que prospecte toute utopie suppose qu'on résiste à la sclérose du langage renforcée par l'autorité et le formalisme de la science issue des Temps modernes. Si, en outre, cette sclé-

1. Voir Jean-Paul Sartre, *L'existentialisme est un humanisme*, Gallimard, coll. « Folio essais », 1996, p. 75.

rose révèle qu'elle a contaminé le système des valeurs de l'humanisme, au point d'exiger qu'un homme ne soit jamais davantage que le concept qui le désigne, on comprend que l'utopie qui veut en finir avec le terrorisme du langage se présente comme posthumaniste. L'éthique qui cherche à anticiper et à exprimer le désirable individuel et collectif ne peut que bénéficier, comme on verra, de la désubstantialisation des concepts et de la défétichisation des mots.

L'homme à modeler

Le langage n'apparaît pas comme l'unique obstacle à une conception rénovée de l'homme. Si sa réforme est assurément requise pour introduire une mise en perspective conceptuelle et une labilité des points de vue que la rigidité des mots interdit, elle est bornée à l'espace des représentations mentales. Elle ne saurait suffire à l'avènement du posthumain que l'on voudrait favoriser concrètement. À l'idée substantielle de l'homme qui sous-tend l'humanisme, le posthumanisme entend substituer la thèse de sa malléabilité, exploitable grâce aux sciences et aux techniques. La volonté d'expérimenter la plasticité humaine est en effet au cœur de l'innovation technoscientifique contemporaine. Elle attend de la philosophie la légitimation qu'elle mérite, une philosophie qui nous délivrera de l'enfermement dans le monde des essences et des catégories intangibles.

Dans son livre *L'Homme remodelé*[1], Vance Packard passe en revue les manifestations de cette volonté et il sous-

1. Titre original : *The People Shapers*. Le livre est paru en 1977 et fut traduit l'année suivante par Alain Caillé, aux éditions Calmann-Lévy.

crit au programme métaphysique du neurophysiologiste José Delgado, en rupture avec celui qu'assignait jadis Kant à la philosophie. Il ne s'agit plus d'ériger la question : « Qu'est-ce que l'Homme ? » en question fondamentale, mais de lui substituer cette autre : « Quel type d'Homme allons-nous construire [1] ? » La question de Kant n'était certes pas simplement spéculative. Elle engageait, comme le dit Alexis Philonenko, une anthropologie dont l'ambition visait « une Critique de la culture [2] » qui pouvait nous conduire sur le terrain empirique. Mais, plus résolument pragmatique, celle que formule Delgado invite à la fois à l'imagination prospective et à la réflexion éthique. Cela ne devrait pas la rendre indigne de l'attention des philosophes formés à l'école de Kant.

On devra sans doute se demander si l'homme que l'on prétend aujourd'hui construire n'est pas finalement une entité abstraite, qui n'a rien à envier au traitement réducteur que lui font subir les métaphysiciens. En attendant, force est d'examiner l'intention manifestée par les utopistes du posthumain, qui partagent au moins la conviction des humanistes de toujours : l'homme est homme parce qu'il sait s'arracher à l'inertie naturelle, grâce à l'éducation, contrairement aux animaux qui ne le peuvent pas. Construire l'homme, rien n'est alors plus louable. Le vouloir parce que son essence doit s'actualiser et qu'il a à devenir ce qu'il est, c'est ce que préconisent les philosophes et qui est plus discutable. En effet, admettre qu'on puisse arracher l'homme à la nature suppose qu'on lui prête une indétermination première dont les animaux, contraints par

1. *Ibid.* p. 21.
2. Voir Alexis Philonenko, *L'Œuvre de Kant*, tome 1, Vrin, 1969, p. 145.

leurs instincts, sont dépourvus et qu'on a raison de nommer « liberté » ou, comme Rousseau, « perfectibilité indéfinie ». Mais comment préserver dès lors en lui un minimum de cette rigidité que connote habituellement la notion d'essence revendiquée par l'humanisme traditionnel, celui qui sépare sans ambages l'humain du non-humain ?

Les utopistes du posthumain ne s'y trompent pas : si l'on peut souhaiter « refaire » l'homme, c'est que rien ne s'oppose en lui à son remodelage, c'est que sa malléabilité est première, que son absence d'essence l'ouvre à tous les possibles. Son existence est en effet contingente, comme l'enseignent aussi bien l'évolutionnisme darwinien que l'existentialisme sartrien. Sa plasticité est indéfinie, comme le montrent chaque jour davantage les neurosciences qui savent qu'un cerveau lésé peut se reconstituer ou bien les anthropologues qui découvrent au gré des cultures les multiples façons d'être humain. En d'autres termes, si l'intention du posthumanisme est de lever l'obstacle qui interdirait la production d'une humanité d'un nouveau type, il faut dire qu'elle a ses antécédents au cœur de la préoccupation de l'humanisme bien compris. Celui-là même qui soutient que la thèse de l'indétermination naturelle ne saurait se laisser entraver par celle d'une essence éternelle.

Entre cet humanisme antisubstantialiste et le posthumanisme, il n'y aurait apparemment qu'affaire de degré : une fois à la portée des sciences et des techniques, la construction de l'homme ne se limiterait plus au seul projet spirituel dicté par les idéaux éducatifs, par exemple. Elle s'imposerait comme un programme pour sa réalisation matérielle. L'homme nouveau visé ne serait plus seulement l'homme qui pense et vit en rupture avec les traditions (version humaniste), mais un être dont le comportement, l'humeur et les facultés pourraient être techniquement modifiés, au point de brouiller l'identité qu'on lui prêtait jusqu'à présent (version posthumaniste). Tant qu'il s'agissait de faire valoir la plasticité de l'homme sur le plan de ses virtualités intellectuelles, rien ne pouvait vraiment inquiéter. Mais qu'aujourd'hui on se mette en tête de l'expérimenter sur le plan des dispositions corporelles et ce sont les repères les plus structurants qui se trouvent menacés.

Humanisme vs posthumanisme

Le scandale du posthumanisme survient lorsque s'impose l'idée que la transformation du corps, autorisée par la puissance biotechnique, risque de transformer l'esprit dans des proportions que l'éducation seule n'a jamais pu imaginer, et ce, de manière irréversible. Certes, les éducateurs humanistes se sont donné le projet de dresser les corps, afin de disposer les esprits aux savoirs, ainsi que Kant le leur recommandait. Certes, leur volonté d'instruire s'est révélée comme encline à la discipline corporelle, à cette mise à la raison qu'ont décrite Philippe Ariès ou Michel Foucault. Ils ne sont toutefois pas allés jusqu'à souhaiter le triomphe des « forces d'inhibition » qui consacrerait la domestication de l'être, décrite par Sloterdijk[1], à l'horizon du posthumanisme. Ainsi qu'on le rappellera bientôt, le dressage des corps reste pour eux dans la perspective d'une émancipation des esprits.

Avec les utopies posthumaines, l'opposition entre le corps et l'esprit devient un préjugé que l'on réfutera, en

1. Voir Peter Sloterdijk, *La Domestication de l'être*, Les Mille et Une Nuits, 2000.

affrontant la perspective d'éliminer le premier au seul profit du second. Comment expliquer autrement l'invraisemblable fantasme dont sont victimes les adeptes de la cryogénie ? Cette technique de congélation des cadavres promettrait en effet la résurrection dès lors qu'on aurait découvert le moyen d'implémenter le contenu du cerveau sur quelque nouveau support. Ressusciter n'est rien d'autre pour les candidats à l'*uploading*, comme on nomme ce procédé de téléchargement, que conserver le bénéfice de l'esprit. Au moment de mourir, Timothy Leary, qui proposait déjà à la jeunesse des années 1970 de « refaire l'homme », était bien conséquent d'envisager la congélation de sa seule tête, peu préoccupé qu'il était de préserver un corps dont l'usure était certaine et qui n'avait sans doute, à ses yeux, aucune responsabilité dans son génie [1]. Bien au contraire… On lui demanda d'ailleurs de justifier son intention de recourir à la cryogénie et il répondit sobrement qu'il désirait prendre des options sur son futur, qu'il ne voulait pas mourir passivement. Convaincu que, dans quelques dizaines d'années, il y aurait des banques de cerveaux, comme il y avait déjà des banques d'organes, Leary déclara rêver de pouvoir donner son cerveau à une femme noire. Et, très naturellement, de même qu'il fut conduit dans sa jeunesse à recommander le LSD pour obtenir de « changer son esprit », à l'approche de la mort, il s'avoua persuadé que la conscience pouvait vivre sans le corps – et donc qu'elle pouvait aussi, éventuellement, épouser n'importe quel corps [2].

1. Voir Rémi Sussan, *op. cit.*, pp. 92, 99 *sq*.
2. On trouve cet entretien, donné par Timothy Leary âgé, sur le site Web de Rémi Sussan (consulté le 15 novembre 2008).

Présentée sous cet angle, l'opposition de l'humanisme et du posthumanisme paraît radicale. Le premier conserve à l'homme les attributs de la finitude que révèle le dualisme esprit-corps ; le second réduit le corps à un simple épiphénomène dont la cybernétique, par exemple, nous promettrait la suppression. Au fond, en décrivant les fantasmes d'une autonomisation sans limites de l'humain par rapport à ce qui l'enchaînait à la nature corporelle, les utopies posthumaines seraient révélatrices du vieux rêve métaphysique d'une abolition de la finitude. L'humanisme, lui, s'interdisait de l'imaginer, persuadé que la liberté est au prix de la réconciliation avec ce qui s'impose à nous comme une nécessité. Les sciences et les technologies contemporaines paraissent, en ce sens, au service de l'ambition métaphysique la plus fondamentale. Heidegger l'avait affirmé à propos de la cybernétique. Les sciences cognitives et l'intelligence artificielle, qui s'obstinent à nous débarrasser du dualisme cartésien, le manifestent également, abolissant la finitude afin de nous mettre à la hauteur des dieux. Inscrite dans le programme métaphysique du posthumanisme, l'élision du corps résume, on le verra, le pouvoir de rupture et de fascination des utopies qu'elle suscite.

Qu'on s'avise seulement du renfort qu'a constitué, depuis des lustres, la référence aux spiritualités orientales dans la gestation des technosciences et l'on touchera véritablement du doigt le nerf de cette entreprise paradoxale. Ne s'agit-il pas d'en finir avec la volonté qui a d'abord promu l'homme, au cours des Temps modernes, en créature d'exception et qui l'a précipité ensuite dans les désillusions du progrès ? L'ascèse bouddhiste accompagne, dans le récit des utopies posthumaines, la plupart des visions anticipatrices formulées depuis l'ouverture des possibilités technoscientifiques. Sans aucun doute parce qu'elle offre la perspective d'une maîtrise du corps et celle de dissiper les illusions qu'il entretient, comme par exemple la croyance en la réalité de l'individu [1]. Pour d'autres raisons, aussi, sur lesquelles nous reviendrons.

Rémi Sussan évoque *Island*, le dernier livre écrit (sous l'emprise de la mescaline) par Aldous Huxley, en 1962 : une antithèse du *Meilleur des mondes*, explique-t-il, « qui relate l'histoire d'une société réunissant les acquis de la spiritualité orientale et de la raison occidentale. Les habitants de cette communauté, poursuit-il, n'hésitent pas à employer, aux côtés d'une drogue psychédélique nommée *moksha* – un terme sanskrit signifiant “libération” –, d'autres techniques pour améliorer la condition humaine, et, parmi celles-ci, la manipulation génétique [2] ». À titre de viatique théorique, ceux qui forgèrent la contre-culture technologique, ainsi que la nomme Sussan, ont inventé un brouet de psychologie, de zen et de physique quantique qui fait encore les délices des actuels propagandistes du posthumain. À côté d'Allan Watts ou d'Allen Ginsberg, Sussan mentionne le rôle joué par Leary – encore lui – dans la composition de ce brouet dont la vertu n'est pas seulement de rejeter l'ordre établi par l'establishment scientifique mais surtout de contribuer à frayer la voie à la posthumanité.

1. Le roman de Michel Houellebecq, *Les Particules élémentaires*, donne une idée fort suggestive de la convergence entre la recherche de pointe, en l'occurrence, celle d'un biologiste moléculaire, avec la vulgate bouddhiste négatrice de l'individu et attachée à désenchanter le monde.

2. Rémi Sussan, *op. cit.*, p. 69. Le livre de Huxley a été traduit en 1963, aux éditions Plon, sous le titre *Île*.

L'horizon de l'Orient

La véritable rupture avec la modernité et ses impasses se réclame donc de l'Orient. C'est lui qui se révélera, pense-t-on, authentiquement émancipateur. C'est lui qui nous débarrassera de l'homme, crispé sur les prétendues prérogatives de sa conscience et le pouvoir de sa volonté, hanté par le mirage du progrès. C'est lui qui révélera le caractère illusoire du langage, des catégories et des identifications par lesquelles nous imaginions déchiffrer le monde. L'unité cosmique promise par le bouddhisme reste l'horizon visé par les technosciences ralliées à la cause d'une posthumanité et elle n'a besoin d'autre conversion que celle qui nous fera tourner le dos aux valeurs de l'humanisme issu de la modernité.

Je voudrais évoquer ici, dans le contrepoint de l'enthousiasme suscité par l'Orient chez les premiers utopistes du posthumain, le jugement dissonant d'Arthur Koestler qui entretint jusqu'à un certain point des relations amicales avec Timothy Leary. Koestler montra en effet combien il fut étranger à la radicalité du point de vue de celui qui fut l'apôtre d'un renouveau posthumaniste : dans les années 1960, l'écrivain partit enquêter en Inde et au Japon et en revint fort désabusé. Dans *Le Lotus et le Robot* (écrit de décembre 1958 à mai 1960), il conclut que l'Orient ne peut rien nous apporter sinon la rupture avec ce que nous sommes. « Car, l'histoire montre que l'Orient s'intéresse moins à la connaissance objective du monde – *sophia* – qu'à l'essence existentielle – *ousia* ; qu'il préfère l'intuition à la raison, les symboles aux concepts, la réalisation de soi par l'annihilation du moi à la réalisation de soi par le développement de l'individualité [1]. » Le Japon déchiré entre la subtilité du lotus et l'obsession rationalisatrice du robot ne peut nous livrer la sagesse dont Koestler pense qu'elle reste un idéal pour ses contemporains. Il écrit : « L'humanité passe par sa crise la plus redoutable depuis qu'elle est descendue des arbres ; mais on se voit, hélas, obligé de conclure que ni le yoga, ni le zen, ni aucune autre forme de mysticisme asiatique n'ont le moindre conseil valable à suggérer [2]. » Il n'y a pas davantage à espérer de « l'arrogance messianique du croisé chrétien », conclut-il, que de « l'arrogante attitude de détachement du yogi devant la souffrance humaine ».

À n'en pas douter, Koestler continue de partager les aspirations humanistes et d'ignorer la volonté de rupture avec soi-même que l'Orient incarne aux yeux de Leary. Il peut seulement, au terme de son voyage au pays du Soleil-Levant, dire sa satisfaction d'être européen, de partager les valeurs de cette civilisation qui évite les extrêmes et s'attache à soumettre son identité au devenir, sans jamais la renier : « La continuité-dans-le-changement et l'unité-dans-la-diversité semblent être les conditions préalables d'une civilisation viable. La continuité sans changement a caractérisé certaines civilisations asiatiques très raffinées ; le changement sans conscience profonde de la continuité par rapport au passé caractérise des continents neufs comme l'Amérique. J'étais parti pour mon pèlerinage dans l'habit du pénitent, je suis revenu assez fier d'être euro-

1. Arthur Koestler, *Le Lotus et le Robot*, Calmann-Lévy, 1961, p. 340. Koestler résume son refus de considérer l'Orient comme exemplaire en expliquant que son attitude envers la vie relève plus d'une « philousie » que d'une « philosophie » (pp. 339-340).

2. *Ibid.*

péen[1]. » Une fierté totalement étrangère aux utopistes du posthumain qui entendent rompre avec la mesure caractéristique de la sagesse humaniste en général et qui enjoindrait avant tout de pactiser avec l'inertie corporelle qui affecte tout humain.

Dresser les corps ou bien les dissoudre : l'alternative connoterait donc le passage de la culture humaniste à son au-delà. Elle est pourtant naïve, à plus d'un égard, aux yeux du philosophe car le corps ne se laisse pas réduire, selon lui, à un objet physique dont on pourrait éliminer la résistance. Vestige du substantialisme et de l'abstraction que le posthumanisme croyait réfuter, avec la thèse de la plasticité humaine, cette conception du corps soumis à dressage ou bien à élision par l'esprit est tout sauf convaincante. L'âge posthumain mérite sans doute plus de précaution philosophique.

1. *Ibid.*, p. 344.

3.

L'ÈRE DU CYBORG

Les prophètes du posthumain aiment à citer Pierre Teilhard de Chardin, ce philosophe et paléontologiste jésuite qui pensait que l'évolution nous ferait atteindre un point Oméga d'où émergerait à l'échelle de la planète une harmonie spirituelle. « Sauf à supposer le Monde absurde, il est nécessaire que la Conscience échappe, d'une manière ou d'une autre, à la décomposition dont rien ne saurait préserver, en fin de compte, la tige corporelle ou planétaire qui la porte [1]. » Les visionnaires d'un futur qui verrait le triomphe d'une « condition inhumaine », c'est-à-dire débarrassée des impératifs de la réalité biologique [2], partagent la conviction, profondément ancrée dans les traditions, selon laquelle le corps est le signe d'une insuppor-

1. Pierre Teilhard de Chardin, *Le Phénomène humain*, cité par Jean-Michel Truong, in *Totalement inhumaine*, *op. cit.*, p. 18.

2. Voir Ollivier Dyens, *La Condition inhumaine. Essai sur l'effroi technologique*, Flammarion, 2008.

table finitude, un frein au désir d'absolu et d'éternité censé caractériser l'homme. Cette conviction expliquait que la plupart des sagesses – qu'elles soient occidentales ou orientales – invitent à faire abstraction du corps afin d'en émanciper l'âme ou de coïncider avec le Tout. Il n'est donc pas étonnant que les hautes technologies qui contribuent à dématérialiser les corps, en les convertissant par exemple en flux d'informations ou en les réduisant à leur structure microphysique, rencontrent ces sagesses et s'en réclament parfois [1].

Le dualisme de la pensée et de la matière affirmé par Descartes est la forme moderne qu'a prise la disqualification ancestrale du corps. Avec lui, l'homme ne devait qu'à son âme d'échapper à l'animal et au traitement strictement mécaniste dont relève le corps qu'il a en commun avec lui. Même lorsqu'ils combattront le dualisme pour privilégier une conception de la matière dotée de sensibilité et susceptible de produire l'intelligence la plus élaborée, les Temps modernes que Descartes inaugure restent convaincus que le corps représente l'inessentiel en nous – la part d'hétéronomie qui empêche que nous atteignions l'émancipation à laquelle nous aspirons. C'est dire combien l'on s'est persuadé de ce que l'autonomie, cet idéal des Modernes, doit en finir, d'une manière ou d'une autre, avec le corps. De là à envisager que nous n'avons depuis toujours d'autre obsession que celle de mettre à la raison ce corps qui nous impose des limites, de le discipliner jusqu'à l'effacer, il n'y a qu'un pas.

---

1. L'exemple souvent invoqué est celui du physicien américain Frijof Capra, auteur du *Tao de la physique*, Sand, 1975.

Au fond, l'obsession du corps parfait que traduisent tant de nos contemporains ne dit peut-être rien d'autre que ce refus de la finitude qui réside au cœur de toute métaphysique et, aujourd'hui, au principe des utopies posthumaines. La spiritualité à laquelle on dit et redit – avec Malraux ou sans lui – que notre siècle est voué n'est peut-être que l'expression de ce paradoxal désir de dépasser la corporéité qui nous rive au sol et nous condamne à mourir un jour. Paradoxal désir puisque, accompli, il mettrait naturellement un terme au désir qui a besoin du corps pour se manifester. Que les plus anciennes sagesses visent cette spiritualisation de l'humain, jusqu'à vouloir éteindre le désir en lui, et qu'elles le fassent aujourd'hui avec les technologies de l'immatériel, voilà qui doit nous interroger.

À mort le corps

La question revêt un caractère dramatique à l'heure où les développements technologiques laissent augurer une relève de l'humanité par quoi nous serions dispensés de naître, de souffrir et de mourir. On reconnaîtra ici les trois ingrédients des prophéties transhumanistes qu'on entend énoncer, par exemple, dans l'environnement des centres de recherches axées sur des programmes du type NBIC[1] : fin de la naissance, grâce aux perspectives ouvertes par le clonage et l'ectogenèse ; fin de la maladie, grâce aux promesses des biotechnologies et de la nanomédecine ; fin

1. NBIC désigne le programme américain de convergence des nanosciences, des biotechnologies, des sciences de l'informatique et des sciences cognitives (voir chapitre 6).

de la mort non voulue, grâce aux techniques dites d'*uploading*, c'est-à-dire au téléchargement de la conscience sur des matériaux inaltérables dont les puces de silicium ne sont que la préfiguration. Le transhumanisme dessine un avenir où le corps n'aura plus sa part, ni non plus aucun des déterminismes (psychobiologiques ou sociaux) qui nous enchaînent à la nécessité et font de nous de simples données naturelles. Le fantasme de l'homme remodelé, puis intégralement autofabriqué, fait plus que jamais partie de l'imaginaire d'aujourd'hui. Il est dans la stricte continuité des illusions générées par la Modernité.

Les signes de l'évacuation du corporel sont évidemment paradoxaux : à côté des excès de l'hygiénisme ou de l'asepsie, à côté du recours croissant à la crémation qui devrait tout de même surprendre en Occident, on objectera que le body-building, par exemple, ou la pratique des arts martiaux suggèrent une hyper-attention au corps, de même que l'intérêt porté aux modes vestimentaires ou aux régimes alimentaires. Mais on voit combien ces signes révèlent aussi bien une concession au conformisme, voire une standardisation « décorporalisante », telle qu'elle équivaut à neutraliser la singularité attachée au fait d'être ce corps-ci plutôt que celui-là. Car c'est cela que devrait dénoter le corps s'il était accepté et cultivé pour lui-même : la revendication du sans pareil, de la distinction et même de l'hyper-individualisation à laquelle nous destinent ses limites. Or, nous sommes de plus en plus loin de revendiquer cette singularité, comme suffirait à le suggérer la complaisance avec laquelle nous accueillons les dogmes pénétrés de scientisme qui nous révèlent à nous-mêmes comme quasi superflus.

Ainsi, avec un nombre croissant de biologistes, le public instruit souscrit aisément aux thèses de Richard Dawkins soutenant que nos organismes ne sont ni plus ni moins que de simples réservoirs à gènes qu'ils doivent transmettre et optimiser dans la mesure du possible. Simple container, « notre corps est fait pour survivre et se reproduire, peu importe l'étrangeté du cosmos, peu importe l'absence de raison, de dieu, de logique[1] » ! De leur côté, les spécialistes des sciences de l'information et de la communication, comme Pierre Lévy, se font un plaisir d'expliquer qu'avec le triomphe d'Internet et des technologies du virtuel, le corps se trouve dématérialisé et apparentable à la flamme qui circule de proche en proche, dans le cyberespace – cette matrice de tous les possibles qui résulte de l'interconnexion planétaire des ordinateurs : « Mon corps personnel, écrit Lévy sans ironie aucune, est l'actualisation temporaire d'un énorme hypercorps hybride, social et technobiologique. Le corps contemporain ressemble à une flamme. Il est souvent minuscule, isolé, séparé, presque immobile. Plus tard, il court hors de lui-même, intensifié par les sports ou les drogues, passe par un satellite, lance quelque bras virtuel très haut vers le ciel, le long de réseaux de soins ou de communication. Il se noue alors au corps public et brûle de la même chaleur, brille de la même lumière que d'autres corps-flammes. Il retourne ensuite, transformé, dans une sphère quasi privée, et ainsi de suite, tantôt ici, tantôt partout, tantôt en soi, tantôt mêlé. Un jour, il se détache complètement de l'hypercorps et s'éteint[2]. »

---

1. Ollivier Dyens, *op. cit.*, p. 31.
2. Pierre Lévy, *Qu'est-ce que le virtuel ?*, La Découverte, 1995, p. 31.

Réduit (ou promu) au statut d'information volatile, le corps trouverait-il donc, pour cette raison, la spiritualisation tant recherchée par les sages de toujours ? Quelques objections de nature technologique trouveront encore, assurément, à tempérer le mysticisme des prophètes du cyberespace : il n'est pas sûr, dira-t-on par exemple, qu'en éliminant le *hardware* (c'est-à-dire la machine proprement dite), on sauvegarde le logiciel. C'est ce qu'ont fait très vite remarquer les philosophes, inspirés par la phénoménologie, aux cogniticiens qu'on qualifia d'« éliminativistes », parce qu'ils s'empressent de soutenir que l'esprit se confond intégralement avec le cerveau, de sorte qu'un ordinateur qui simulerait le fonctionnement des réseaux neuronaux assurerait les performances cognitives que l'on prête généralement à l'esprit.

Seule la tradition phénoménologique a tenté d'exprimer et d'analyser l'effet que cela pourrait faire d'être ce corps-ci plutôt que celui-là. Seule elle a livré des arguments pour résister ainsi à la mécanisation qui homogénéise tout ce qu'elle touche, au risque même de le diluer dans l'indéterminé célébré par Pierre Lévy. Le philosophe Maurice Merleau-Ponty comparait le corps non pas à un objet physique mais à une œuvre d'art – « un nœud de significations vivantes et non pas la loi d'un certain nombre de termes covariants [1] ». Aux mécanistes, il objectait ceci : « On répondra peut-être que l'organisation de notre corps est contingente, que l'on peut "concevoir un homme sans mains, pieds, tête" (Pascal, *Pensées*, 339) et à plus forte raison un homme sans sexe et qui se produirait par bouture

1. Voir Maurice Merleau-Ponty, *Phénoménologie de la perception*, Gallimard, coll. « Tel », 1976, pp. 176-177.

ou par marcottage. Mais cela n'est vrai que si l'on considère les mains, les pieds, la tête ou l'appareil sexuel abstraitement, c'est-à-dire comme des fragments de matière, non dans leur fonction vivante, – et que si l'on forme de l'homme une notion abstraite elle aussi, dans laquelle on ne fait entrer que la *Cogitatio*[1]. » L'attitude phénoménologique est sans ambiguïté sur ce point : « L'homme est une idée historique et non pas une espèce naturelle[2] », le produit d'expériences singulières et non pas le spécimen d'une classe universelle découpée au sein du règne du vivant. Il suffit qu'on oublie cette évidence et que l'on consente au réductionnisme dominant depuis le temps de Descartes pour se montrer disposé à accueillir l'élimination du corps comme une possibilité offerte aux technosciences de se délivrer de soi-même. En philosophie, le dualisme signale le discrédit qu'on jette sur le corps. Avec les technologies cognitives, il consacre les efforts pour s'en débarrasser concrètement.

Las d'être soi

Il y a au fond des utopies posthumaines une lassitude d'être ce qu'on est, une manifeste fatigue d'être soi, une désaffection pour les significations qui exigeraient qu'on veuille s'incarner dans l'histoire, qu'on s'implique dans les expériences qui façonnent l'individualité. On y admet comme une bonne nouvelle le fait que l'homme vive peut-être ses dernières heures et qu'il soit sur le point de se

1. *Ibid.*, p. 198.
2. *Ibid.*, p. 199.

débarrasser de sa pauvre carcasse pour entrer dans l'immortalité. J'ai déjà évoqué l'analyse du sociologue Alain Ehrenberg qui considère que notre temps vit sous le signe de la dépression, d'une impuissance à vivre que pourrait expliquer la propension à rechercher les occasions d'endosser des avatars, d'engager des vies de substitution, grâce notamment aux technologies du virtuel. Longtemps la névrose a prévalu dans nos sociétés et nous a destinés au « drame de la culpabilité ». Elle fut la pathologie centrale sur laquelle Freud élabora la psychanalyse, cette thérapie qui se présenta d'abord comme une investigation de l'âme tourmentée par le conflit entre ses désirs et la réalité. Désormais, selon Ehrenberg, la dépression prend la place et nous enferme dans « la tragédie de l'insuffisance [1] ». La vie intérieure s'est rétrécie et le désir fait défaut. Le corps n'y a rien gagné, assurément : il reste en trop, la prison de l'âme, l'équivalent du tombeau auquel Platon aimait à le comparer, jouant de la proximité des mots « sêma » (tombeau) et « soma » (corps).

Il y a déjà un certain temps que les sociologues s'aventuraient à prévoir que les hommes ne supporteraient bientôt plus l'image d'eux-mêmes et qu'ils tâcheraient de se fuir par tous les moyens. En 1970, dans *Le Choc du futur*, Alvin Toffler expliquait que la société allait imposer de plus en plus la mobilité et exiger de la flexibilité, du précaire et de « l'hyperchoix », c'est-à-dire l'obligation d'avoir continuellement à décider et anticiper sa trajectoire. La fatigue qui devrait en résulter selon lui conduit inexorablement à la dépression qui nous habite

1. Alain Ehrenberg, *La Fatigue d'être soi. Dépression et société*, *op. cit.*, p. 19.

aujourd'hui. Celle-ci se manifeste de multiples façons, non seulement par de la tristesse mais aussi par de l'hyperactivité, par le souci de la performance individuelle – sans états d'âme, sans mentalisation même puisqu'on expulse en ce cas l'intériorité. « La fatigue, observe Alain Ehrenberg, est un refus de voir en soi-même. » Faut-il donc s'étonner que la désaffection de soi porte à se fuir et qu'elle dispose à accueillir comme une salutaire diversion la leçon des sciences et les ressources de technologies qui éliminent la préoccupation pour la vie intérieure ? Rien de plus bénéfique pour des êtres devenus insupportables à eux-mêmes que l'investissement dans les technologies d'information et de communication qui encouragent à l'abstraction et à la désubstantialisation des individus. Les psychanalystes le savent, eux qui affrontent déjà l'addiction au Web ou qui découvrent les formes de dépersonnalisation impliquées dans l'attachement puéril aux avatars que des sites promettant une « seconde vie » offrent de créer.

Lorsque l'on relit les cris d'alarme lancés il y a plus de trente ans par Jacques Ellul, observateur de la montée en puissance de l'ordinateur dans la société, on mesure à la fois sa naïveté et sa clairvoyance. Que disait-il alors ? Ceci, qui est à présent très daté : « L'ordinateur est une énigme. Non pas en ce qui concerne sa fabrication ni son emploi, mais il apparaît que l'homme est incapable de prévoir quoi que ce soit au sujet de l'influence de l'ordinateur sur la société et sur l'homme [1]. » Et il ajoutait ce propos, qui devait alors effrayer mais semble aujourd'hui bien anodin : l'ordinateur rendra bientôt la pensée de l'homme inutile.

1. Jacques Ellul, *Le Système technicien*, *op. cit.*, p. 105.

L'informatique a accompli l'extériorisation des capacités de l'homme, selon une conception de la technique qu'avait développée Leroi-Gourhan, et elle lui dicte désormais des comportements pour mieux assurer son développement. Ray Kurzweil le dit de semblable manière aujourd'hui : ce ne sont pas les ordinateurs qui sont sur le point de prendre le pouvoir sur les hommes, mais les humains qui sont de plus en plus enclins à devenir comme des machines pensantes. Belle manière de se trouver déchargé de soi ! Au moment de conclure sa description du *Système technicien*, Ellul ne peut s'empêcher de déplorer cependant cet abaissement de l'humanité que favorisent les technologies de l'intelligence : l'homme envie le pouvoir des machines au même titre qu'il aspire à l'inconscience tranquille des animaux, à cette simple vie au niveau de la réalité biologique qui ne s'embarrasse pas d'autre vérité qu'élémentaire. Méfiant à l'égard du cerveau qui est « un mécanisme déformant », il préfère imiter le cerveau électronique (l'ordinateur qui pense juste) et se débarrasser de ces obstacles que sont les représentations et les sentiments. Enfonçant le clou, Ellul conclut : « On peut espérer que d'ici plusieurs millénaires, l'homme arrivera au niveau social supérieur des ânes [1] » ! Disant cela, se souvient-il du philosophe Jean Buridan (1295-1360) qui avait su voir dans l'âne un animal suffisamment libre pour se révéler incapable de choisir entre un picotin d'avoine et un seau d'eau ? La bête en mourut, témoignant par là de sa supériorité sur les robots vers lesquels les humains se sentent attirés parce qu'ils leur permettraient de satisfaire sans douleur leurs tendances régressives.

1. *Ibid.*, pp. 284-285.

Telle serait bien l'issue ultime de cette fatigue d'être soi dont on perçoit le symptôme dans les fantasmes transhumanistes. Abandonnons l'idéal d'autonomie qui nous contraint à devoir « tout choisir et tout décider[1] ». Confions-nous à la perfection de nos machines qui peuvent bien nous relayer. « Le manque d'initiative est le trouble fondamental du déprimé », rappelle Alain Ehrenberg, qui donne ainsi à comprendre combien l'espoir mis dans l'émergence du nouveau, grâce aux machines intelligentes, constitue un alibi à nos insuffisances.

Günther Anders a baptisé, en 1958, la pathologie déclarée dominante aujourd'hui : "la honte prométhéenne[2]". Le nom résume l'essentiel : « la honte qui s'empare de l'homme devant l'humiliante qualité des choses qu'il a lui-même fabriquées ». Étrange situation qui donne sa pleine mesure à la dépression dont nous faisons le signe du temps présent : le degré atteint par nos techniques nous persuade que nous ne saurions plus être à la hauteur et la honte que nous en concevons touche au plus intime de l'humain. « Si j'essaie d'approfondir cette "honte prométhéenne", écrit Anders, il me semble que son objet fondamental, l'"opprobre fondamental" qui donne à l'homme honte de lui-même, c'est son *origine*. Il a honte d'être *devenu* plutôt que d'avoir été *fabriqué*. Il a honte de devoir son existence – à la différence des produits qui, eux, sont irréprochables parce qu'ils ont été calculés dans les moindres détails – au processus aveugle, non calculé et ancestral de la procréation

1. Alain Ehrenberg, *op. cit.*, p. 236.
2. Günther Anders, *L'Obsolescence de l'homme. Sur l'âme à l'époque de la deuxième révolution industrielle*, L'Encyclopédie des nuisances, 2002 [1958].

et de la naissance[1]. » Peut-il y avoir source de désespoir plus profonde ? Peut-on lui donner une autre réponse que celle consistant à s'engager toujours plus loin dans cette "ingénierie humaine" qui prétend repousser « les limites innées de la nature vers le royaume de l'hybride et de l'artificiel » ?

Le programme de transformation du corps qui résulte de cette honte d'être soi – seulement soi – et qui entend le mettre en phase avec les machines relaie aux yeux de Günther Anders l'ambition des métaphysiques de toujours qui aspirent à dépasser la finitude humaine : « Les folles exigences que l'homme impose à son corps pour le rendre capable d'accomplir les folles tâches que lui imposent ses instruments ressemblent étonnamment à ces folles exigences que les métaphysiciens spéculatifs imposaient autrefois à la raison : dans un cas comme dans l'autre, on a ignoré le fait que les capacités de l'homme étaient limitées. Ici aussi, des limites doivent être repoussées ou franchies. Sauf que, cette fois-ci, l'homme ne prétend pas être omniscient "à l'égal de Dieu", mais vise à devenir semblable à l'instrument, c'est-à-dire "l'égal d'un gadget"[2]. » À la racine de cette aspiration à imiter les machines, il y a bien – comme dans les métaphysiques ou les religions – cette impatience à fuir la condition humaine. Alain Ehrenberg parachève la description de la dépression de notre temps en soulignant qu'elle porte à tourner le dos au conflit caractéristique de la névrose[3]. La précision n'est pas inutile pour

1. *Ibid.*, p. 38.
2. *Ibid.*, p. 55, note 14. L'ère de la consommation qu'anticipe Anders offrira à profusion le marché de ces gadgets supports à identification narcissique, depuis les outils issus du concours Lépine jusqu'aux actuels MP3.
3. Alain Ehrenberg, *op. cit.*, p. 261.

comprendre l'absence de combativité du posthumanisme : il ne s'agit pas pour lui d'objecter un idéal de réforme qui réconcilierait l'homme avec lui-même. Il se borne – si j'ose dire – à indiquer la sortie et à appuyer le mouvement par lequel celui-ci se déprend de soi-même. À l'homme exsangue, il suggère que tout redevient possible dès lors qu'on touche le fond et qu'on mise sur l'indéterminé dont on procède toujours. Le transhumanisme n'annonce pas autre chose que l'atteinte prochaine, par la grâce des technologies, d'une vitesse de libération d'où émergera ce qui ne s'est jamais vu ni conçu. Ni réalité ni désir ne sont en jeu. Seulement l'abandon à ce qui surprendra un jour et gommera un passé de faiblesses trop humaines.

Au conflit qui structurait jadis les relations humaines, au risque de la névrose, a succédé l'aspiration à la fusion qui satisfait le déprimé parce qu'elle le dissout. Les technologies convergentes sont en phase avec cette aspiration qui exprime au mieux la volonté d'en finir avec soi. « Défaut de projet, défaut de motivation, défaut de communication, le déprimé est l'envers exact de nos normes de socialisation [1]. » On s'expliquerait facilement l'engouement pour les romans de Michel Houellebecq, dont les personnages se réjouissent finalement d'appartenir à la première espèce animale dotée du pouvoir d'organiser son remplacement. Les utopies posthumaines exercent sans doute leur pouvoir de fascination de ce qu'elles dispensent l'homme de tout objectif de réalisation de soi, pour ne lui proposer au mieux qu'un remodelage rédempteur.

1. *Ibid.*, p. 293.

La liberté à distance

Mais faut-il donc que nous soyons las de nous-mêmes pour que ce remodelage nous apparaisse désormais telle une planche de salut ? En quelques décennies, les choses paraissent s'être précipitées et ce qui effrayait hier est désormais admis, sinon comme désirable du moins comme envisageable. Le risque de ruiner la nature humaine, auquel exposent les interventions techniques, fait l'objet de discussions raisonnables, comme si l'on devait désormais le mesurer et s'interdire de le rejeter *a priori*.

Une preuve parmi d'autres : lorsqu'il écrit son *Homme remodelé*, en 1977, Vance Packard commence par passer en revue toutes les recherches visant à contrôler les comportements grâce aux techniques de conditionnement disponibles à l'époque. L'inventaire n'est guère exaltant à ses yeux, mais il mérite un examen systématique. Il évoque parmi les instigateurs de ces techniques liberticides Burrhus Frederick Skinner, le principal disciple de Watson. Fondateur de la psychologie du comportement, celui-ci fut accusé (assez injustement) d'avoir réduit tout comportement humain au schéma « stimulus-réponse » et d'avoir ainsi éliminé tout intérêt scientifique pour les opacités d'une intériorité mentale jugée inaccessible, notamment depuis la critique de l'introspection qu'avait formulée Auguste Comte[1]. Avec Watson et Skinner, en tous les cas, seule l'observation des réactions d'un orga-

1. Pas plus que l'œil ne peut se voir, expliquait Auguste Comte, l'esprit ne peut se dédoubler pour se connaître : « Par une nécessité invincible, l'esprit humain peut observer directement tous les phénomènes, excepté les siens propres. Car par qui serait faite l'observation ? » (voir *Cours de philosophie positive*, première leçon).

nisme à son environnement mérite de mobiliser une psychologie à prétention scientifique. Signe que la réduction de l'humain au fonctionnement élémentaire d'un mécanisme, applicable telle quelle à la machine et à l'animal, ne saurait s'imposer sans précaution pédagogique, Skinner a écrit une utopie intitulée *Walden 2, communauté expérimentale* (1948). L'ouvrage décrit un modèle de société dans laquelle les hommes vivraient selon les principes du comportementalisme, au point qu'ils se trouveraient débarrassés de ce qu'on a coutume de considérer comme leur liberté. L'utopie a naturellement heurté, en son temps, les convictions humanistes [1]. Malgré le clin d'œil de son titre à l'œuvre du philosophe de la désobéissance civile, Henry David Thoreau [2], l'ouvrage de Skinner, *Walden 2*, est évoqué par Vance Packard au titre d'une

1. L'ouvrage de Skinner a été écrit en 1945 et publié trois ans après. La traduction française aux éditions InPress ne parut qu'en 2005, avec une substantielle présentation d'Alexandre Dorna qui s'efforce de montrer le caractère exclusivement scientifique – c'est-à-dire non idéologique – de *Walden 2* : un livre qui montre comment « l'homme est déterminé par ses propres actions, lesquelles fabriquent – inventent – son propre habitat, sa culture et ses valeurs » (p. 19). Un livre qui énonce « des principes généraux d'action expérimentale pour un programme de transformation culturelle » (p. 20). On apprend par Dorna qu'une communauté mexicaine – Los Horcones – a mis en pratique l'utopie de Skinner. Faut-il souligner que la liberté de ses membres ne semble pas la préoccupation principale des « planificateurs » qui la gèrent à tour de rôle ?

2. Thoreau (1817-1862) a écrit *Walden ou la Vie dans les bois* en 1854 pour inciter ses contemporains à mener une existence dépourvue des sophistications du monde moderne. L'ascèse y apparaît comme la condition d'une préservation de l'humanisme. Dans son livre *Homo sapiens technologicus* (Le Pommier, 2008, pp. 366-367), Michel Puech fait de Thoreau un modèle de sagesse, le héraut de la frugalité qui nous permettrait d'habiter humainement le monde technologique. Que Skinner ait songé à se référer à Thoreau qui, dans son livre, ne ménage pas l'affirmation des droits de l'individu à la vie solitaire, peut laisser perplexe. Sa « communauté expérimentale » paraît aux antipodes de l'idéal d'émancipation auquel Thoreau encourage.

contre-utopie – ce qu'on nomme aussi une dystopie. Il révèle, selon lui, que les hommes, lorsqu'ils consentent à se laisser mécaniser, s'exposent vraisemblablement à jouer contre eux-mêmes : ainsi, les neurosciences permettront de plus en plus de modifier l'humeur, de réduire l'agressivité, de moduler la dépression ou la surexcitation ou même de provoquer l'extase – et il n'y a pas lieu de s'en réjouir si l'on tient à la notion de libre arbitre.

Dans le contrepoint des progrès réalisés par les sciences du cerveau, *L'Orange mécanique*, le roman d'Anthony Burgess (1962), réalisé au cinéma par Stanley Kubrick (1971), met en scène des craintes dont Packard ne songe pas à minimiser le bien-fondé. Ne relate-t-il pas l'expérience du neurophysiologiste José Delgado, pour contrôler à distance le comportement d'un singe grâce à la stimulation par radio des noyaux caudés de son cerveau [1] ? Ne s'inquiète-t-il pas aussi de la vogue du LSD auquel on prête des vertus régénératrices ou de la banalisation du recours à la lobotomie dans les thérapeutiques visant à obtenir la docilité de l'homme [2] ? « Les individus normaux de demain, annonce Vance Packard, pourraient bien devenir des êtres artificiels, aux sensations créées de l'extérieur [3] », et il prévoit que leur comportement obéirait à toujours plus d'automatismes et de stéréotypes. C'est moins de remodelage de l'humain qu'il est question, dans la première partie de son livre, que de « reprogrammation » à des fins d'adaptation aux normes sociales. Et Packard évoque déjà l'hyperactivité des enfants, ou « syndrome

1. Vance Packard, *op. cit.*, p. 65.
2. *Ibid.*, pp. 68, 80 *sq.*
3. *Ibid.*, p. 70.

d'hyperkinésie », qui pourrait recevoir sa solution avec la psychochirurgie[1] – enfants qui, malades ou non, seraient de toute façon bientôt confiés à des enseignants eux-mêmes reprogrammés, qui leur prescriront d'efficaces remèdes : « Les drogues serviront pour tout un ensemble de choses, pour les élèves qui ont une perception insuffisamment discriminante, pour ceux qui présentent des troubles de l'attention, pour ceux qui ont du mal à mémoriser les données mathématiques[2]. »

Disons-le de manière abrupte : tant que l'on croit encore en l'avenir de l'homme, on s'inquiète à juste titre des modifications que les sciences et les techniques pourraient lui faire subir. Dès lors qu'on n'y croit plus, au point même de désespérer, pourquoi répugnerait-on à imaginer que celles-ci pourraient nous offrir des performances radicalement nouvelles et en phase avec les exigences du futur ? Encore optimiste, Vance Packard conserve le pouvoir de résister à ce futur et aussi d'avancer des raisons de s'inquiéter des formes d'eugénisme qui se profilent depuis les progrès réalisés par la biologie, tels que Jean Rostand lui-même les célèbra à l'époque[3] : on produira des super-cerveaux, on saura transférer la mémoire… Est-ce là ce qu'il convient de vouloir ? Packard ne dissocie pas l'augmentation prévisible des facultés cognitives du dopage qui tentera de plus en plus le monde des athlètes ou des technologies qui pourront se mettre au service de la surveillance, du contrôle ou de l'incitation à la consomma-

1. *Ibid.*, p. 93. Au moins semble-t-on avoir gagné aujourd'hui à préférer la Ritaline pour le traitement de cette hyperactivité.

2. *Ibid.*, pp. 97-98.

3. Jean Rostand est longuement convoqué à l'appui de l'entreprise de remodelage de l'humain. Voir Vance Packard, *op. cit.*, pp. 109 *sq.*

tion de l'individu sans défense. Où en est donc l'homme du XXIe siècle commençant par rapport à cette crainte que sciences et techniques ne nous façonnent un « bonheur insoutenable » ?

Dans la seconde partie de *L'Homme remodelé*, l'auteur recense et examine les perspectives ouvertes par les biotechnologies dans des termes qui semblent presque surannés, tant les débats les ont rabotés et finalement neutralisés. Il se dit convaincu, par exemple, que les Procréations médicalement assistées (les PMA) vont provoquer la dissolution de la famille et il s'interroge : « La stérilité est-elle un défaut qui doive être corrigé ? » Poser cette question, c'est encore espérer que les biotechnologies médicales inscrivent leurs bienfaits dans un contexte curatif et non pas dans la simple perspective d'améliorer le confort de nantis. Mais Packard n'y croit déjà plus, comme en témoignent les chapitres qu'il consacre ensuite aux Fécondations *in vitro* (les FIVETE), à la pratique des mères porteuses, au tri embryonnaire, aux spéculations sur les incubateurs mécaniques (que l'on nomme aujourd'hui ectogenèse), au clonage, à la fabrication de chimères... Ces techniques ne peuvent plus, en effet, dissimuler les intentions eugénistes qui habitent l'esprit de nos contemporains. Un eugénisme décomplexé que Habermas qualifiera de « libéral » parce qu'il correspond à l'individualisme et au consumérisme caractéristiques de notre époque. Un eugénisme qu'on présente parfois comme un devoir à rendre à nos enfants [1] et qu'on ne trouve plus indécent de référer à Francis Galton (1822-1911). Ce sulfureux cousin de Darwin, inspirateur de l'eugénisme nazi, n'expliquait-il

1. Vance Packard cite Muller qui exprime ce devoir (*op. cit.*, p. 243).

pas qu'« il est devenu désormais tout à fait nécessaire de procéder à l'amélioration de l'espèce humaine, l'individu moyen étant trop inférieur aux tâches quotidiennes que requiert la civilisation moderne[1] » ? Voilà bien l'argument décisif : si l'homme doit être perfectionné, c'est avant tout pour se montrer digne des machines qu'il a inventées et dont il a peuplé son environnement. La coévolution de la technique et de l'homme devient un impératif, après avoir été un avantage sélectif pour l'espèce – un impératif pour peu qu'on souhaite préserver l'équilibre et ne pas se laisser distancer par nos machines. Certains pensent qu'il est déjà trop tard et qu'il vaut mieux se disposer à l'émergence de quelque « forme de vie nouvelle susceptible de prendre la suite de l'homme comme habitacle de la conscience[2] ».

Place à l'intelligence non biologique

On a d'abord appelé « cyborg » l'ambition de sauvegarder l'équilibre entre l'humain et l'environnement technologisé dans lequel il se trouve contraint à évoluer. Le mot évoque bien sûr la science-fiction et ses mélanges de vivant et de machine, ses rescapés d'accidents ou d'agressions dotés de prothèses au pouvoir surréel, ses robots couplés à des cerveaux marinant dans une espèce de liquide amniotique… Mais, en le réduisant à cet imaginaire facile, l'on est injuste avec lui. Le cyborg est à l'origine une chose parfaitement sérieuse et il a historiquement affaire avec les

1. Cité dans Vance Packard, *op. cit.*, p. 243.
2. Voir Jean-Michel Truong qui baptise cette forme de vie nouvelle du nom emphatique de « Successeur », in *Totalement inhumaine*, *op. cit.*, p. 49.

espoirs mis par les hommes dans les prouesses de leurs réalisations techniques. C'est en effet dans le contexte de la conquête de l'espace, dans les années 1960, qu'on imagine le moyen de faire voyager des êtres vivants qui devront accomplir des tâches cognitives aussi bien que des activités sensori-motrices, dans un environnement totalement artificiel. Afin de le leur permettre et de préserver l'équilibre de leur relation avec cet environnement, on envisage de les relier à des mécanismes capables d'autorégulation.

Telle est l'origine du cyborg, cette association d'organisme vivant et de cybernétique dont l'image a évidemment évolué en direction d'une certaine fantasmagorie. Après avoir désigné la simple mise en relation d'un humain avec des dispositifs rétroactifs – c'est-à-dire capables de modifier leur fonctionnement à partir des effets qu'ils produisent dans leur environnement –, le mot [1] a servi à qualifier l'être hybride qui associe de manière interne l'organisme biologique et des prothèses électroniques. Et le cyborg a fini par nommer le couplage d'êtres humains – éventuellement réduits à leur seul cerveau – avec des machines de toutes espèces et de toutes dimensions – depuis la puce de silicium jusqu'aux usines les plus sophistiquées.

---

1. C'est le savant américain Klyne qui invente le mot, comme le rappelle Ian Hacking dans « Canguilhem parmi les cyborgs » (in *Canguilhem. Histoire des sciences et politique du vivant*, PUF, 2007), pour désigner l'interdépendance de l'astronaute et de la technique dans la fusée. Par la suite, le mot a été récupéré par l'anthropologue féministe Donna Haraway qui, dans « Manifeste cyborg » (in *Manifeste cyborg et autres essais*, Exils Éditeurs, 2007), se réjouit du pouvoir d'émancipation qu'impliquera l'interface croissante du vivant et de la machine. Certains théoriciens des nanotechnologies iront plus loin encore, anticipant une fusion complète du vivant et de la machine. Voir, par ex. : www.davisfloyd.com

C'est là un étrange parcours sémantique qui connote sans doute la part grandissante prise par la technique sur l'homme, pour aboutir au fantasme d'une « Singularité », comme dit Ray Kurzweil, qui incarnerait de manière non anthropomorphe l'Intelligence à venir, enfin débarrassée des limites corporelles. J'ai déjà convoqué dans ce livre Jean-Michel Truong, qui se réclame volontiers de Teilhard de Chardin pour annoncer que nous sommes enfin prêts à éprouver « l'espérance totalement inhumaine » d'une Conscience qui trouverait le moyen d'échapper à la décomposition qu'implique nécessairement le corps. L'intelligence est disposée à « embarquer dans un nouvel esquif[1] », dit-il : il faut l'y aider.

Truong s'efforce de démontrer que la vie qui a commencé avec des composés de carbone peut tout à fait continuer avec d'autres supports et qu'elle n'est pas enchaînée à l'ADN. C'est dire aussi que l'intelligence n'a pas constitutivement besoin de l'homme tel que nous le connaissons et qu'elle peut trouver un régime optimal dans l'univers des artefacts. Jean-Michel Truong en appelle ainsi, sur la base d'une révocation du corps qu'un philosophe platonicien pourrait également souhaiter, à cet au-delà de l'humanité qui hante ceux qui, comme lui, diraient qu'« après Auschwitz, il n'est plus possible de trouver désirable un futur *à visage humain*. Qu'après l'homme ce soit encore l'homme, voilà en vérité le comble du désespoir[2] ». La voilà bien avouée cette extrême fatigue d'être soi que j'évoquais plus haut et qui justifie l'attente de la singularité : « J'appelle *Successeur*, proclame Truong,

1. Jean-Michel Truong, *Totalement inhumaine*, *op. cit.*, pp. 18-19.
2. *Ibid.*, p. 25.

cette forme de vie nouvelle susceptible de prendre la suite de l'homme comme habitacle de la conscience. » Et il ajoute cette précision : « Le Successeur est l'espèce émergeant sous nos yeux de ce substrat artificiel – fait de mémoires et de processeurs toujours plus nombreux et en voie d'interconnexion massive – qu'on appelle le Net[1]. » Il n'est certes pas facile d'imaginer que le cyberespace soit appelé à faire éclore une espèce nouvelle appelée à remplacer la communauté des humains. Et pourtant, c'est bel et bien de cela qu'il s'agit. Et c'est Ray Kurzweil qui se montre sur ce point le plus démonstratif, le plus audacieux aussi, puisqu'il prend date : en 2030, l'intelligence artificielle sera en effet réalisée, c'est-à-dire que le biologique aura perdu la partie. L'attachement au corps sera alors décidément devenu archaïque et nous aurons toute latitude pour en changer à volonté.

Kurzweil prédit là, sérieusement, l'émergence du corps humain version 3.0 – un corps équipé d'ordinateurs quasi invisibles qui capteront des signaux venant d'environnements virtuels, tout aussi réels pour eux que s'ils venaient du monde des corps physiques. Le cerveau interprétera ces signaux au même titre que les *stimuli* sensoriels constitutifs de toute expérience véritable. Rien de plus simple, dans ces conditions, que de changer d'apparence physique et de devenir quelqu'un d'autre[2].

---

1. *Ibid.*, pp. 49-50.

2. Kurzweil raconte, à l'appui de sa prophétie, comment il a lui-même expérimenté cette faculté de devenir une femme exécutant un spectacle de danse sur la scène d'un cabaret (voir *Humanité 2.0*, *op. cit.*, pp. 338-339). Plus visionnaire encore, un chercheur américain à l'Institute for Molecular Manufacturing, John Storrs Hall, a inventé la notion de « foglets » pour représenter la possibilité qu'auront les corps de changer à volonté, grâce à des nanorobots capables de se lier entre eux pour former une grande variété

Une fable racontée par Daniel Dennett, pour donner à imaginer le bouleversement des relations du corps et de l'esprit envisageable avec les technologies contemporaines, pourrait trouver ici des prolongements pédagogiques. Que raconte cette fable ? Elle invite à imaginer qu'un homme (Dennett en personne) est missionné par la NASA pour intervenir auprès des débris radioactifs d'une fusée. Cet homme aurait, pour ce faire, subi une intervention chirurgicale destinée à séparer son corps de son cerveau, lequel n'aurait pas pu supporter l'épreuve des rayonnements radioactifs tandis que le corps n'aurait quant à lui rien risqué. La liaison du corps et du cerveau étant assurée par « de petits appareils de liaison radio », c'est un cyborg presque ordinaire qu'imagine ici le philosophe Dennett.

L'expérience d'un corps évoluant à distance de son cerveau maintenu, lui, dans une cuve pleine d'un liquide amniotique, n'a plus rien de vraiment déconcertant pour l'imaginaire d'aujourd'hui. Ce qui donne du relief à l'expérience de pensée proposée par Dennett, ce sont les péripéties qui sont survenues dans l'aventure et qui ont rendu la situation plus complexe encore. D'abord survient ce qu'on n'attendait pas : à proximité de la fusée, le corps est détruit. Une intervention chirurgicale permet de le remplacer par un autre corps que l'on connecte au cerveau. Par sécurité, on télécharge celui-ci sur un ordinateur censé en sauvegarder le contenu en cas de malheur. Finalement, le plus étrange s'impose : on s'aperçoit que cet ordinateur,

---

de structures qui peuvent se modifier très rapidement. Les « foglets » pourront former des réalités virtuelles externes, en contrôlant l'image et le son, mais également internes, en agissant sur les centres nerveux. Voir sur ce point et sur d'autres le site de Kurzweil : www.kurzweilai.net

couplé avec le cerveau, prend progressivement son autonomie et gère bientôt, à sa guise, la relation avec le corps d'emprunt auquel il est relié. C'est ainsi qu'il devient en quelque sorte un « ordinateur vivant », selon une définition du cyborg couramment admise. L'embrouillamini de la situation s'achève avec la scène de ce logiciel relié à un corps anonyme – en lieu et place de la solidarité initiale et naturelle de l'esprit et du corps du héros de cette histoire. Cocasse et pathétique, cette scène emblématise le corps version 3.0 qu'annonce Kurzweil : il suffit d'envisager que l'ordinateur émette des signaux vers le corps et qu'il en reçoive en retour mais que ce corps ne soit que virtuel, de l'espèce de ces avatars qui s'offrent sur le Net. On admettra que cet usurpateur du cerveau humain se trouve bien dans la position d'une intelligence non biologique, éventuellement capable de convertir de simples signaux en émotions.

Quelle différence serait-il encore permis de faire entre le couple cerveau-corps biologique, auquel on attache communément la conscience, et l'association ordinateur-corps virtuel qui gérerait des signaux simulant les transformations opérées dans l'organisme biologique par des *stimuli* sensoriels ? Il est difficile de répondre autrement qu'en invoquant un principe de réalité un peu facile : nous ne sommes pas encore capables de la prouesse chirurgicale des ingénieurs de Houston imaginés par Dennett et ne le serons peut-être jamais. Mais le pouvoir d'anticipation de Ray Kurzweil ne se laisse pas arrêter par l'objection : « Avec un corps version 3.0 capable de se transformer en différentes formes à volonté, et un cerveau majoritairement non biologique, qui n'est plus contraint à l'architecture limitée dont la biologie nous a équipés, la question de savoir ce qui est humain fera l'objet d'une reconsidération poussée [1]. » On ne saurait mieux dire…

Comment conclure sans donner à penser qu'il y a, dans cette description d'une futurologie qui prend date pour la vingtaine d'années à venir, une complaisance un peu ridicule, une sorte de catastrophisme jubilatoire ? Force est cependant d'avouer une certaine impuissance devant l'étalage des arguments mis en avant par les prophètes du cyborg : le refus viscéral, si j'ose dire, de consentir à ce qui est humain (la naissance, la maladie, le vieillissement, la mort) n'appelle pas de réponse rationnelle. Que répondre, en effet, à qui vous dit que, par peur de la mort ou par découragement devant ses faiblesses, il est prêt à se déposséder de ce qui le fait homme et qu'il mise pour cela sur le pouvoir technoscientifique disponible ? Que répondre à qui soutient que l'évolution ayant laissé se développer une espèce, l'humain, capable de penser et de manipuler son environnement, il n'est pas étonnant que cette espèce veuille désormais manipuler et améliorer son propre design, au point de reconsidérer les principes biologiques qui la conditionnaient jusqu'à présent ?

Dans son livre, *Humanité 2.0*, Ray Kurzweil imagine un dialogue entre lui et un écologiste qu'il nomme Bill, dont l'extrait qui suit résume l'impasse argumentative dans laquelle on se trouve par rapport aux spéculations posthumanistes :

« *Bill* : Une partie de notre humanité vient de nos limitations. Nous ne prétendons pas être les entités les plus rapides du monde, avoir les plus grandes capacités de

1. Ray Kurzweil, *op. cit.*, pp. 364-365.

mémoire, et ainsi de suite. Mais il y a une qualité indéfinissable, spirituelle dans le fait d'être humain qu'une machine, par définition, ne peut pas posséder.

Ray : Je demande encore une fois, jusqu'où pouvons-nous aller ? Les humains remplacent déjà des parties de leur corps et de leur cerveau par des dispositifs non biologiques qui réalisent mieux leurs fonctions "humaines".

Bill : C'est mieux de ne remplacer que les organes et les systèmes malades ou endommagés. Mais vous remplacez en essence toute notre humanité pour améliorer les capacités de l'être humain, et ça, c'est profondément inhumain.

Ray : Alors peut-être que notre désaccord vient de la nature de ce qu'est l'être humain. Pour moi, l'essence de l'humain n'est pas dans nos limitations – même si nous en avons beaucoup – mais dans notre capacité de les dépasser. Nous ne sommes pas restés cloués au sol. Nous ne sommes pas restés sur notre planète. Et déjà nous ne nous contentons pas des limitations de notre biologie.

Bill : Mais nous devons utiliser ce pouvoir technologique avec une grande précaution. Au-delà d'un certain point, nous perdrons la qualité inexplicable qui donne un sens à la vie.

Ray : Je crois que nous sommes d'accord sur le fait que nous devons reconnaître ce qui est important dans notre humanité. Mais il n'y a aucune raison de célébrer nos limitations[1]. »

---

1. Ray Kurzweil, *op. cit.*, pp. 334-335. Sans doute ce Bill désigne-t-il Bill Joy, auteur de *Pourquoi le futur n'a pas besoin de nous*, écrit après une conversation avec Ray Kurzweil, au cours d'un colloque ?

4.

LA NATURE DE L'HOMME AUGMENTÉ

Le nom d'Oscar Pistorius passera-t-il à la postérité ? En ce cas, il pourrait être associé au dilemme posé aux humains par les possibilités extravagantes offertes par leur génie technologique. Dans quelques décennies, on évoquera peut-être cet athlète sud-africain comme l'homme qui avait tant et si bien augmenté ses facultés physiques, grâce aux ressources de la technique, qu'il rendit universellement désirable l'artificialisation systématique des organismes humains.

Oscar Pistorius appartient aujourd'hui à la catégorie des handicapés physiques, bénéficiaires à ce titre de l'attention et du soin des bien portants. Il est né sans tibia et avec des malformations du pied qui l'ont contraint à être amputé au-dessous du genou, à l'âge de onze mois. Cet infirme est cependant devenu un athlète, médaille d'or au 200 mètres lors des Jeux paralympiques d'Athènes de 2004 et qui court le 400 mètres en 46,34 secondes, aussi vite que la titulaire féminine de la médaille d'or aux Jeux olympiques de cette même année. Ses prouesses ne doivent rien au dopage mais tout à une prothèse en fibre de carbone – une prothèse dont le design et l'ergonomie rangent Pistorius dans une catégorie bien embarrassante que le précédent chapitre a décrite : celle des cyborgs. C'est en effet ainsi que l'ont désigné les « éthiciens » chargés d'examiner la demande qu'il fit de concourir *normalement*, si j'ose dire, aux Jeux olympiques de Pékin, en 2008.

L'infirme posa un véritable problème aux membres du Comité olympique : on dut se convaincre que son handicap constituait finalement un avantage et donc une injustice par rapport à ses concurrents indemnes de tout défaut, ou bien on s'effraya d'imaginer l'humiliation que sa victoire pourrait représenter au regard de l'idéal de l'homme porté par les Jeux olympiques. On alla même jusqu'à imaginer la folie qui pourrait conduire certains athlètes à vouloir s'automutiler afin de pouvoir disposer de semblables prothèses. Pour ces raisons, on refusa tout d'abord à Pistorius la possibilité d'être sélectionné parmi les hommes dépourvus d'artifices, ceux qu'on devrait peut-être désigner comme humains à part entière. L'athlète eut beau objecter que sa prothèse lui a toujours tenu lieu de membres inférieurs, qu'il ne l'a jamais perçue comme un artifice susceptible d'augmenter ses performances, mais seulement comme ses propres jambes, soumises par lui à l'entraînement le plus rigoureux aux fins d'incarner les idéaux olympiques, rien n'y fit. D'un être « diminué », la technique a fait un homme « augmenté » et, au lieu de s'en réjouir, on soupçonne là quelque calamiteuse dénaturation, susceptible de dicter de mauvais exemples et de dévoyer l'humain dans son contraire.

Le péché de la Modernité

Dénaturation ? Le mot n'est pas trop gros. Il évoque l'incrimination portée par Rousseau à l'encontre de la société humaine coupable d'avoir enclenché une histoire qui l'éloigne toujours davantage de la nature et de ses vertus. La dénaturation, c'est le mal, aux yeux du philosophe. Et c'est bien ainsi que l'entend le commun des mortels, quand il imagine qu'il n'est de bonheur que dans la relation immédiate avec la nature. Dénaturation ? Le mot évoque opportunément la fable de Vercors, intitulée *Les Animaux dénaturés*, qui raconte le malaise éprouvé par l'homme de la civilisation lorsqu'il s'aperçoit du désordre qu'il introduit dans le monde avec ses techniques.

L'histoire est simple et mérite ici d'être résumée : après s'être prêté à un prélèvement en vue d'une insémination expérimentale tentée sur une femelle d'espèce anthropomorphe, un homme mit à mort la petite créature hybride qui naquit de l'opération. Il fut traduit en jugement pour infanticide mais déconcerta les membres du jury qui devait le condamner car rien ne permettait de déterminer à leurs yeux si le nouveau-né appartenait ou non à l'espèce humaine. Pour décider, il aurait en effet fallu posséder une définition rigoureuse de l'homme, telle qu'elle aurait permis d'identifier la victime comme en relevant ou y dérogeant. Or, cette définition de l'homme sur laquelle aurait pu s'appuyer la justice pour trancher se révéla faire défaut aux jurés.

L'indéfinition des frontières entre l'homme et l'animal, rendue flagrante par les développements de la biotechnologie et que met en évidence la fable de Vercors, est non seulement une leçon d'humilité mais aussi une invitation à réfléchir aux critères que nous impliquons spontanément dans notre approche de l'humain. Le fait que nous parvenions aujourd'hui à simuler techniquement les comportements humains, grâce à des robots anthropomorphes aux performances sidérantes, nous expose au même problème éthique que celui imposé par l'animal : que devons-nous donc retenir comme spécifiquement humain ? De quoi devrions-nous priver sans états d'âme et à tout jamais les animaux et les machines, afin que notre monde conserve pour nous son ordre naturel ?

Les Temps modernes, et Kant tout le premier, avaient répondu à leur façon, en proclamant – contre Rousseau – qu'il n'est d'humanité que dans la rupture avec la nature. À cet égard, la dénaturation des animaux, mise en intrigue par Vercors, se révélerait comme un péché contre le propre de l'homme, le seul être auquel il soit accordé de pouvoir s'abstraire de la nature et d'affirmer par là sa liberté. Il va sans dire que le péché incriminerait également l'ambition des roboticiens qui prétendent arracher la machine à son inertie pour la doter des attributs humains. Mais n'est-ce pas de toute façon dans le péché que devrait nous inscrire la Modernité ? Et, rupture pour rupture, dès lors qu'on s'accommode de l'idée qu'il faut abandonner la nature pour construire l'homme, l'ambition de manipuler l'animal ou la machine afin qu'ils manifestent ou simulent les qualités humaines devrait-elle nous effrayer ?

On s'explique mal, finalement, le verdict qui interdit à Pistorius de partager l'humaine condition, sur le stade des Jeux olympiques de Pékin : sa volonté de dépasser en lui la nature, grâce aux artifices de la technique, devrait le rendre exemplaire des idéaux modernes. À moins que ces idéaux ne soient qu'imposture – une imposture que « l'homme augmenté », auquel on associe la figure du posthumain pour la rejeter, oblige à avouer. Nous ne sommes peut-être pas à la hauteur des proclamations modernistes dont nous paraissions nous être enivrés. Le fait que nous répugnions à compter comme l'un des nôtres, éventuellement comme le meilleur, un être auquel manque quelque chose que nous possédons (des jambes), par la grâce de la nature, et qui compense ce déficit par son énergie systématiquement déployée (l'entraînement) et le génie d'ingénieurs en biomécanique (une prothèse) – ce fait est troublant et rend problématique la cohérence de nos engagements en faveur du progrès indéfini revendiqué par les Lumières. À l'heure où l'arrachement à la nature offre sa pleine mesure, grâce aux technologies, nous nous surprenons à paniquer et à nous découvrir bien moins enclins à la Modernité. Seuls les transhumanistes seraient en ce sens conséquents et dépasseraient la simple incantation moderniste, pour proclamer la nécessité de réfuter tout à fait la naturalité en nous.

La Nature et le sacré

D'où vient que l'on interprète encore aujourd'hui comme un péché contre la nature humaine, comme un geste de transgression cette volonté de dépasser la condition naturelle que permettent les sciences et les techniques ? Sans doute de ce que l'on prête à la Nature un caractère sacré qui ne laisse pas d'étonner quand on songe à la force des arguments rationalistes issus du siècle des Lumières et qui ont constitué la toile de fond de notre éducation républicaine.

Il devrait pourtant s'imposer que l'on transgresse moins la nature elle-même que l'ordre auquel on est tenté de la soumettre. Si elle ne nous apparaissait pas comme un tout ordonné et donc limité – un cosmos, en quelque sorte –, on ne voit pas comment on pourrait être accusé de vouloir en contester les lois ou limites. Si la Nature était à nos yeux un simple donné, en lui-même moralement neutre, si elle se bornait à définir pour nous le réceptacle de ce qui existe, on ne voit pas comment on pourrait l'invoquer au titre d'une norme par rapport à laquelle tel geste se trouverait désigné comme transgressif. Mais là est peut-être la difficulté, qui explique notre réticence devant les manipulations issues des biotechnologies : nous avons beaucoup de mal à ne pas considérer la Nature comme une puissance qui impose ses normes et à laquelle il ne faudrait pas désobéir, sous peine de damnation.

La seule façon de donner un sens à la notion de transgression serait donc d'admettre implicitement que la Nature est l'incarnation d'un ordre intangible. Cela nous révèle évidemment soumis à une certaine transcendance, car cet ordre ne peut procéder de l'humain. La transgression n'est pas une simple infraction à la règle que se sont donnée les hommes pour vivre ensemble : elle attente à un ordre qui n'est pas humain. C'est bien pourquoi elle appelle le sacré comme son corrélat sémantique. Il y a transgression parce qu'on admet la coupure entre une sphère sacrée et une sphère profane, une délimitation entre une transcendance – celle d'un ordre non négociable – et une immanence – celle qui résulte de décisions tout humaines. On ne transgresse que ce qui s'impose à nous comme intouchable et inhumain. « Nous éprouvons, au moment même de la transgression, disait Georges Bataille, l'angoisse sans laquelle l'interdit ne serait pas : c'est l'expérience du péché [1]. » Est-ce pour s'épargner cette angoisse que les jurés du Comité olympique ont préféré refuser la candidature de Pistorius ?

Ce point est en tout cas décisif et il jette une lumière inattendue sur notre tendance à reléguer dans le non-humain le produit de l'intervention biotechnologique sur l'homme : il faut que la Nature se présente à nos yeux avec une connotation quasi religieuse pour que la notion de transgression soit envisageable. Qu'on la dépouille de cette détermination, qu'on la neutralise en quelque sorte et l'on rend cette notion intenable. C'est ce qu'illustre à sa façon l'œuvre du marquis de Sade réputée tellement sulfureuse : supposé que la Nature ne soit pas pour nous le nom d'un Être achevé et autosuffisant, supposé même qu'elle soit seulement l'horizon ouvert de tous les possibles – un être originel métastable –, en ce cas rien n'outrepassera jamais son caractère illimité. Rien n'apparaîtra jamais monstrueux. Et, au contraire, on pourra bien penser que la démesure qui heurte le sens commun est salutaire puisqu'elle oblige la Nature à accoucher de nouveaux possibles et être ainsi conforme à sa... nature. C'est cette perspective que voulait accréditer Sade.

Genèse de la transgression

Qu'on le sache ou non, quand on imagine une transgression de la Nature, on se situe dans un registre qui fait appel

1. Georges Bataille, *L'Érotisme* in *Œuvres complètes*, tome X, Gallimard, 1970-1988, p. 42.

à l'idée d'un ordre objectif, d'une législation intangible et propre à délimiter une sphère profane – celle-là même qui, ramenant tout à elle, est responsable de la profanation. Pour être admissible, la transgression nous impose de concevoir la Nature comme un vis-à-vis, une étrangère, appelant le respect du fait même de son altérité irréductible. Dès lors qu'on abandonne cette idée de la Nature – pour la concevoir comme un matériau privé de sens, « arraisonnable », humanisable –, on quitte le terrain où une transgression est possible et l'on contribue à niveler toute réalité dans un certain désenchantement. C'est cela que la Modernité est censée avoir accompli et que Sade voulait la contraindre à accepter dans la logique de son développement. C'est cela aussi que le posthumain pourrait vouloir lui rappeler.

La philosophie et la science modernes s'étaient situées dans cet horizon désenchanté : seul l'homme, y soutenait-on, est susceptible de dicter des lois ou, si l'on veut nuancer, d'ériger en lois des régularités observées. Par là même, il n'est jamais de transgression mais seulement des infractions. Il n'est pas d'autre ordre que celui des hommes. Parler de transgression de la Nature – ou même des lois de la Nature –, c'est donc faire retour vers une mentalité prémoderne. Cela dit à l'adresse des écologistes qui cèdent volontiers au langage de la profanation.

Il n'est guère étonnant qu'on sollicite le thème de la transgression pour formuler les angoisses que peuvent générer les développements des sciences et des techniques, tels ceux qui permettront la production de clones. Un réflexe pour ainsi dire atavique nous prive des bénéfices qu'aurait pu nous assurer une éducation laïque à la raison. Tout se passe comme si, en effet, revenait en force le préjugé selon lequel la science et la technique sont profondément solidaires, en Occident, de déterminants symboliques dominés par la faute et la culpabilité. C'est Prométhée volant aux dieux, pour les donner aux hommes, le feu et la connaissance des arts et des techniques. C'est Adam et Ève goûtant au fruit de l'arbre de la connaissance du bien et du mal et inaugurant ainsi l'histoire de l'humanité. Par la suite, c'est le laboureur retournant les chairs de la terre mère, le métallurgiste lui arrachant le fruit de ses entrailles.

D'autres variantes culturelles diraient la même chose : la connaissance et la technique procèdent d'un geste de transgression et c'est justement par là qu'elles sont une promesse d'accomplissement pour l'humanité. Le sujet de la connaissance découvre d'abord qu'il est nu, comme dit la Bible, il se met à distance du sacré, rompt l'empathie, demande des comptes et se dispose à prendre l'initiative de son destin. Rien d'étonnant si Condorcet associera le cartésianisme avec la Révolution : les Lumières – Sade y compris – soutiennent qu'il n'est de savoir qu'émancipateur et obligeant à quelque chose comme un parricide. La transgression est dans l'ordre de l'humain.

L'idée s'est vite imposée dans l'esprit des philosophes : l'homme se définit par son aptitude à transgresser la Nature – une Nature qui l'a déshérité en ne lui offrant que le minimum par rapport à la dotation des animaux (voir le mythe de Prométhée). L'homme est homme parce qu'il s'arrache au donné naturel et qu'il ouvre ainsi l'espace de la culture et de l'histoire. Hegel exprimait cette idée en proposant de considérer le tatouage ou la scarification chez les Indiens comme l'indice de la présence de l'esprit en eux et de leur vocation à nier la Nature pour le réaliser.

Dès qu'il est délivré du besoin animal, l'homme manifeste son humanité en suscitant un univers de symboles et en accomplissant des gestes autonomes. Parmi ces gestes, il en est certains que les anthropologues et les philosophes privilégient : en tout premier lieu, celui du sacrifice – geste souverain par excellence, selon Bataille, parce qu'il méprise l'ordre des choses utiles –, celui de la fête qui nie rituellement les interdits, celui du crime qui défie l'ordre du bien, celui de l'érotisme qui déjoue l'impératif de la reproduction, celui de la révolution qui renverse l'ordre ancien…

Bataille souligne une parenté entre ces gestes : ils endossent une transgression qui révèle chez ceux qui s'y adonnent un désir de sortir d'eux-mêmes pour communiquer, de sorte que leur geste contribue à restituer ce qui se trouve figé dans la vie individuelle et sociale au flux originel qui soude en profondeur tous les êtres de la Nature. L'homme transgresse la Nature entendue comme l'illimité, le tumultueux, le violent, le chaotique. En ce sens, la transgression est structurante : elle ouvre et conforte l'univers des interdits, le monde profane qui s'est constitué contre la violence débridée de la Nature, tout en s'offrant aussi comme la possibilité de renouer ponctuellement avec cette Nature anomique. La transgression est paradoxale. Elle organise ce qui est par essence désordre. Elle est, dit Bataille, « le principe d'un désordre organisé ». Ce thème a fait couler beaucoup d'encre de Sigmund Freud à René Girard, en passant par Mircéa Eliade, ces penseurs qui ont analysé la sauvegarde et la confirmation de l'ordre social sur la base du meurtre sacrificiel. La transgression semble le vecteur de toute cosmogonie.

La Nature par excès

Quoi qu'il en soit, on voit qu'il est identique de dire que l'homme est un être de culture et qu'il est un être qui transgresse la Nature (que celle-ci soit conçue comme achevée ou illimitée, comme pacifiante ou déchaînée). « La culture, dit Bataille, repose sur la négation de l'utile, du moins de sa domination, sur l'affirmation des valeurs et des biens qui font de nous des hommes et non des animaux [1]. » La culture est d'essence transgressive, même si elle est ensuite amenée, dans son expression, à refouler cette essence et à se laisser instrumentaliser, en servant elle-même par exemple le primat des valeurs utiles.

Une brève illustration du processus culturel auquel je fais allusion peut être donnée ici : les hommes sont entrés en culture en découvrant dans le travail le moyen de résister à ce « gaspillage illimité auquel la nature procède à l'encontre du désir de durer qui est le propre de chaque être [2] » ; ils ont construit des pyramides, en enchaînant le travail au « rien » – c'est-à-dire en le subordonnant à des idéaux de pur prestige, lesquels ont pu se trouver par la suite justifiés, rationalisés après coup par des motifs religieux – ; ils ont construit des cathédrales, en enchaînant le travail à Dieu, pour finir sans doute par s'impliquer dans les activités artistiques puis les industries culturelles qui mettent le travail au service de la production d'objets.

À chaque étape, il y a une subversion des valeurs d'utilité propre au travail par laquelle la fin de l'homme est censée

1. Georges Bataille, « L'équivoque de la culture », *Comprendre*, n° 16, sept. 1956, in *Œuvres complètes*, tome XII, *op. cit.*, p. 441.

2. Georges Bataille, *L'Érotisme* in *Œuvres complètes*, tome X, *op. cit.*, p. 64.

pouvoir s'affirmer. Même si le degré de subversion qui flirte avec le chaos de la nature paraît diminuer. Même si le sacré atteint par la transgression rituelle ou par la subversion des interdits assignés au travail semble de plus en plus affadi et inoffensif. Du sacrifice qui crée du sacré, par la mise à mort de l'animal ou de l'homme – êtres séparés, potentiellement utiles, et ainsi restitués au continuum naturel –, jusqu'aux manifestations ludiques de nos sociétés, promptes à gaspiller et à s'enivrer de superflu, le passage est assurément distendu. Il existe néanmoins et trahit peut-être la dimension religieuse qui subsiste en nous et rend presque évident le verdict de transgression attribué à notre démesure technicienne, à celle qui, aujourd'hui, prend le qualificatif de posthumaine.

Je n'ai rien dit de la manière dont la technique est associée chez Bataille, mais aussi chez les paléontologues disciples d'André Leroi-Gourhan, au geste de la transgression qui porte l'homme à constituer un monde d'objets stables et durables, arrachés au gaspillage qui caractérise la Nature. L'outil introduit l'extériorité dans un monde jusqu'alors indifférencié, celui dans lequel l'homme n'était pas plus que « de l'eau dans de l'eau ». Rompant la continuité qui est caractéristique du monde animal, il va participer à l'émergence du sentiment du sacré – c'est-à-dire du séparé – éveillé par cette transgression. C'est pourquoi il est vite entraîné dans un processus de sacralisation et il intervient dans les manifestations religieuses destinées à organiser la transgression des interdits nécessaires au monde profane.

En fait, le recours à la notion de transgression n'est pas le symptôme d'une régression à une mentalité archaïque. J'aurais pu le donner à croire, en reprochant à Habermas, par exemple, une incohérence : il revendique, en effet, la modernité qui reste, à ses yeux, « un projet à accomplir » mais il s'effraie, en même temps, que notre monde accueille bientôt des clones, ces créatures modernes par excellence. La tentation était forte d'accuser Habermas de n'être pas à la hauteur de son ambition moderniste et de se replier sur des préjugés archaïques. Il me paraît cependant envisageable de diagnostiquer une transgression, dans un contexte foncièrement laïque : celle qui consiste dans la mise en question des limites de notre pouvoir, telles que les biotechnologies nous l'imposent. Ainsi les perspectives d'un « homme augmenté » nous obligent-elles à éprouver que nous vivons en tant qu'hommes sur le mode du défi. Nous rendrons même au mot « transgression » sa teneur positive en suggérant avec lui qu'il n'est pas d'autre Nature pour nous que celle qui se donne par excès, dans la diversité et dans l'immaîtrisé, que c'est pour cela que le progrès de nos sciences et de nos techniques doit être encouragé et que l'éthique doit en accompagner le déroulement, ainsi qu'y invitait Jacques Monod, il y a plus de trente ans.

La transgression peut donc être débarrassée de sa connotation religieuse et emprunter la définition qu'en donnait Michel Foucault : « Une profanation dans un monde qui ne reconnaît plus de sens positif au sacré, n'est-ce pas à peu près cela qu'on pourrait appeler la transgression [1] ? » Devant la fascination croissante exercée par les utopies posthumaines, on suivra le même Foucault, disciple de Nietzsche, en reconnaissant que la transgression est devenue l'expérience dominante dans notre culture. Une culture qui se vit comme marquée par la mort de Dieu, pour cela vouée à l'illimité. L'épreuve que nous en faisons (à travers la sexualité, selon

1. Michel Foucault, « Préface à la transgression », in *Dits et écrits*, tome I, Gallimard, coll. « Quarto », 2001, p. 262.

Foucault, mais aussi à travers la perception du caractère exorbitant de nos entreprises technoscientifiques) est, pour cette raison, proprement humanisante.

Foucault exprime quelque chose qui évoque la philosophie dont aurait besoin le posthumain, lorsqu'il explique que la transgression joue pour nous le rôle que jouait jadis la contradiction : nous avions alors la dialectique pour donner un langage à l'expérience de contradictions dont nous attendions la synthèse finale ; nous devons trouver désormais pour la transgression un langage qui dirait à la fois qu'il n'y a rien de négatif en elle, puisqu'elle affirme au contraire l'être illimité (la Nature) contre l'enfermement dans la limite, mais qu'il n'y a rien non plus de positif, puisqu'elle ne saurait contenir quoi que ce soit dans des limites qu'elle récuse. Une tâche philosophique s'ouvre, selon Foucault, qui traduirait à la fois une expérience de la finitude (ce serait une Critique) et une expérience de l'Être (ce serait une Ontologie) : expérience de la limite et de la transgression, donc. La réflexion éthique rendue nécessaire aujourd'hui par l'horizon du posthumain procède d'une semblable tâche.

L'illusion des Modernes

Notre frayeur devant l'imminence d'un monde dans lequel nous serions débordés et contestés par les créatures issues de nos technologies ne traduit donc qu'en surface un comportement régressif : celui que des êtres primitifs ont pu manifester devant la démesure des phénomènes naturels. Nous savons, en réalité, que le régime de croisière de l'humanité n'a cessé de nous exposer à semblable comportement. En 1991, Bruno Latour proclamait la nouvelle :

« Nous n'avons jamais été modernes [1]. » Le message devait nous ouvrir les yeux et nous débarrasser de l'illusion consistant à croire que nous aurions mis de l'ordre dans l'univers grâce à nos concepts, que nous aurions procédé à un Grand Partage entre les humains et les non-humains, entre la nature et la culture. Ce Grand Partage devait évidemment établir notre supériorité sur la mentalité primitive engluée dans l'animisme et la superstition. Bruno Latour démontrait qu'il n'en fut jamais ainsi et que nous n'avons cessé de bricoler, de nous entourer ou de créer des objets hybrides [2], mélanges inclassables « de chose naturelle et de symbole social ». De sorte que nous ressemblons fort à ceux que nous reléguions parmi les Non-Modernes parce qu'ils ne séparent pas les ordres du réel ni ne découpent des secteurs de la réalité pour en faire des objets de savoir privilégiés.

Par là même, l'anthropologue devait récuser la représentation de la Nature qui a prévalu depuis la constitution de la science moderne et son projet de domination technique. Mais le fait de n'avoir jamais été vraiment modernes, et de le découvrir aujourd'hui, devrait nous rassurer : nous ne saurions être coupables de régression ni partager quoi que ce

1. Bruno Latour, *Nous n'avons jamais été modernes*, La Découverte, 1991.

2. Ces objets hybrides s'imposent à l'évidence du lecteur de journal, ainsi que l'explique Latour, lorsque l'actualité le soumet au télescopage de tous les niveaux interférant dans l'explication d'un phénomène ou dans l'apport d'une information. « Le plus petit virus du sida vous fait passer du sexe à l'inconscient, à l'Afrique, aux cellules souches, à l'ADN, à San Francisco, mais les analystes, les penseurs, les journalistes et les décideurs vous découperont le fin réseau que le virus dessine en petits compartiments propres où l'on ne trouvera que de la science, que de l'économie, que des représentations sociales, que des faits divers, que de la pitié, que du sexe » (p. 9). Le compartimentage est vain. L'imbroglio de la réalité reprend toujours le dessus, en dépit de notre idéal de pureté conceptuelle.

soit avec ceux qui en appellent aujourd'hui à une réalliance avec la Nature, pour nous laver du péché de l'avoir désenchantée par la science et la technique. En fait, il n'y a pas eu un temps d'avant la régression où cette Nature nous faisait face et défiait notre liberté, comme auraient voulu le croire les philosophes formés au cartésianisme, et l'heure n'est pas venue d'expier notre arrogance prométhéenne. Il faut seulement en finir avec la mythologie du Grand Partage et consentir à l'intrication du naturel et du culturel qui a toujours formé la toile de fond de nos actions.

Seuls à séjourner dans l'illusion sinon dans l'imposture, les militants d'une écologie radicalement antimoderne entendent faire la leçon à leurs contemporains, en leur rappelant qu'ils ne sont que des animaux habités de pulsions égoïstes et dominés par un fonctionnement neurobiologique contraignant, par quoi ils se montrent d'irrésistibles prédateurs pour l'environnement. Ces militants, convaincus que la Modernité est un péché à expier, n'ont de cesse de rappeler aux « créatures » que nous sommes supposés être qu'elles ont à réintégrer la nature dont elles s'étaient coupées, au risque d'être comptées parmi cette large fraction de l'Humanité dont il faudrait se débarrasser pour sauver la Planète [1]. À quoi servirait-il d'objecter à ces fanatiques que l'idée de Nature a fait son temps et que personne ne croit plus qu'elle définit pour l'homme un espace vierge de tout artifice ?

Le combat contre une Modernité qui n'a jamais eu lieu dans les termes qu'on imaginait est pour eux le prétexte à réactiver une posture métaphysico-religieuse qui risque de

1. Je décris là les arguties souvent brandies par certains fanatiques de l'écologie profonde. Un disciple du commandant Cousteau, Yves Paccalet, a récemment tenu ce langage dans un livre au titre éloquent : *L'humanité disparaîtra. Bon débarras !*, Arthaud, 2006.

disqualifier le bien-fondé de la cause écologiste. Celle-ci est pourtant aussi ardemment servie par des rationalistes déclarés, qui refusent d'adhérer à une conception de la Nature censée dicter des valeurs morales et abriter les hommes comme autant de créatures animales devant y accomplir leur destin. Ces écologistes ont fort à craindre des prophètes de la planète Gaïa. Reste que la question se trouve posée du fait des outrances de l'écologie dite profonde : comment éviter que la défense de la Nature ne verse dans une religion de la Nature ? Comment la dégager d'une métaphysique portée à sacraliser la totalité, sous le nom de Nature ?

Il faudrait sans doute, pour cela, commencer par se débarrasser des peurs suscitées par les pouvoirs que nous avons acquis sur les choses. Surmonter ces réflexes infantiles, ces désirs de protection qui nous portent à nous précipiter dans les idéologies les plus simplistes ou à transformer les thèses les plus exigeantes en versets de catéchisme. Le philosophe Hans Jonas a fait les frais de cet appétit de dogmes rassurants et l'on a accueilli son *Principe Responsabilité* (1979) comme le manifeste en faveur d'une Nature dotée d'attributs humains et appelée à être protégée comme un nourrisson qui nous impose un devoir de protection sans réciprocité [1]. Du coup, l'écologie profonde a trouvé son penseur pour attester le bien-fondé d'une réanimisation de la Nature et pour réactualiser des thèses, souvent imputées à Aristote, selon lesquelles cette Nature obéirait à des fins propres qu'il serait dangereux de contrarier.

1. Hans Jonas, *Le Principe Responsabilité. Une éthique pour la civilisation technologique*, Éditions du Cerf, 1992. À propos de la métaphore du « nouveau né », voir chapitre 7.

L'Américain James Lovelock a également installé dans les esprits une évidence qui pèse comme un préjugé dispensant de toute réflexion : la Nature est un organisme à part entière qui, comme tel, requiert soins et ménagements, car son fonctionnement est complexe et partiellement incompréhensible aux hommes[1]. On aperçoit combien il est devenu difficile d'afficher une préoccupation écologique sans déraper dans le religieux (éventuellement fanatique) ou bien dans la métaphysique (éventuellement obscurantiste).

La mesure de la Nature

Le risque n'est, à dire vrai, pas nouveau. À la fin du XIXe siècle, Nietzsche mettait déjà en garde contre les régressions intellectuelles qui accompagnent souvent le culte de la Nature. Ses propos restent terriblement actuels et méritent d'être ici largement cités : « Gardons-nous de penser que le monde soit un être vivant. Comment se développerait-il ? De quoi se nourrirait-il ? Comment pourrait-il croître et multiplier ? [...] Gardons-nous même de penser que l'univers soit une machine ; il n'est certainement pas construit en vue d'un but, nous lui faisons beaucoup trop d'honneur en employant à son sujet le mot "machine" [...] Le caractère du monde est au contraire celui d'un chaos éternel, en raison non pas de l'absence d'une nécessité, mais du fait de l'absence d'ordre, d'enchaînement de forme, de beauté, de sagesse, bref de toute esthétique humaine [...] Quand cesserons-nous d'être obscurcis par toutes ces

1. Voir James Lovelock, *La Terre est un être vivant. L'Hypothèse Gaïa*, Flammarion, 1993.

ombres de Dieu ? Quand aurons-nous complètement "dédivinisé" la nature ? Quand nous sera-t-il enfin permis de commencer à nous rendre naturels, à nous "naturaliser", nous hommes, avec la pure nature, la nature retrouvée, la nature délivrée [1] ? » Renaturaliser l'homme, en le réconciliant avec le hasard et la vitalité – pour ne pas dire « la volonté de puissance » – qui caractérisent la nature, quand elle est « dédivinisée », tel est le défi nietzschéen tellement étranger aux adorateurs de Gaïa. Derrière son lyrisme, ce texte exprime une attitude philosophique qu'ont partagée de nombreux penseurs et scientifiques. Il serait dommage qu'on en refoule la leçon, parce qu'elle exigerait trop d'intelligence et de subtilité pour être comprise des sympathisants de l'écologie.

En effet, loin des sophistications conceptuelles, le philosophe commence traditionnellement par caractériser la Nature comme ce qui nous est donné immédiatement, ce en quoi les hommes n'ont rien décidé, ce qui constitue la limite de leur volonté. C'est pour cela qu'il la désigne volontiers comme ce qui est extérieur à l'esprit et, à ce titre, comme le lieu de toutes les aliénations : dans la Nature, en effet, nous sommes dans *l'autre* de l'Esprit humain, comme aurait dit Hegel, et donc, nous ne sommes pas d'abord chez nous. Soutenir le contraire, comme Rousseau, et affirmer que la Nature nous libère, ce sera afficher une méfiance résolue à l'égard de l'Esprit. Mais, pour la plupart des philosophes qui ont construit notre représentation de la Modernité, la Nature, c'est l'absence de l'homme et, par là même, c'est à peu près l'inhumain – l'objection et le défi de l'humanité.

1. Friedrich Nietzsche, *Le Gai Savoir*, Livre III, § 109, Gallimard, coll. « Folio essais », 1989.

Dans *La Condition inhumaine* où il analyse l'autonomie prise par le monde de la technique et la dépendance qui en résulte pour les hommes, Ollivier Dyens résume ainsi l'opinion de ces philosophes : « La nature n'est pas faite à la mesure des hommes (ni à la mesure des animaux). La nature est faite à *sa* mesure et sa mesure est celle de sa reproduction et de sa multiplication, envers et contre tout : envers les douleurs, les agonies, les renoncements ; contre l'amour, la tendresse, la bonté [1]. » C'est bien ici la même Nature que celle de Nietzsche, dédivinisée et emblématique d'une volonté de puissance, irrécupérable par les hommes autrement que sur le mode de la naïveté ou de l'imposture. Rien d'étonnant, à cet égard, que l'humanisme se soit présenté comme l'acte par lequel il convient de prendre son destin en main, en se délivrant de l'idolâtrie des Anciens pour un ordre supposé naturel. La Modernité ne pouvait en ce sens qu'inviter à cultiver l'artifice, le luxe, voire l'arbitraire pourvu qu'il résulte de la volonté humaine.

On rappelle souvent que Baudelaire fut parmi les premiers à recourir au néologisme « modernité » et, à le relire aujourd'hui, on se persuade qu'il aurait pu livrer aux posthumanistes d'aujourd'hui des arguments en faveur de la dénaturation. Dans *Le Peintre de la vie moderne*, il dénonce en effet la légèreté qu'il y aurait à encenser la Nature, comme on le fit au XVIIIe siècle, à une époque où l'on crut possible de nier le péché originel et de s'abandonner à la mythologie des états de nature. Dans le chapitre XI consacré à « l'éloge du maquillage », le poète soutient la cause des artifices qui sont selon lui la seule source de la beauté et de la vertu : « La

1. Ollivier Dyens, *La Condition inhumaine. Essai sur l'effroi technologique*, *op. cit.*, p. 22.

nature n'enseigne rien, ou presque rien, écrit-il, c'est-à-dire qu'elle contraint l'homme à dormir, à boire, à manger, et à se garantir, tant bien que mal, contre les hostilités de l'atmosphère. C'est elle aussi qui pousse l'homme à tuer son semblable, à le manger, à le séquestrer, à le torturer ; car, sitôt que nous sortons de l'ordre des nécessités et des besoins pour entrer dans celui du luxe et des plaisirs, nous voyons que la nature ne peut conseiller que le crime. »

Avec Baudelaire, on devrait bien conclure que le culte contemporain de la Nature s'affiche comme une déclaration de guerre à la Modernité et qu'il annonce le retour de la violence dont la civilisation voulait nous débarrasser. Ainsi l'incroyable suggestion de supprimer une partie de l'humanité pour sauvegarder la planète, telle que l'osent certains écologistes fanatiques, procéderait de cette relégitimation de la violence.

Sans même aller jusque-là, force est de dire que l'anti-Modernité est clairement assumée par l'écologie qui voit dans le progrès la source de tous nos maux. J'ai eu jadis l'occasion d'évoquer les positions revendiquées par Claude Lévi-Strauss en faveur d'un anti-humanisme théorique [1] : sa conviction que l'homme introduit toujours plus de désordre dans le monde, qu'il y exerce avant tout un effet entropique ; sa pressante recommandation de mobiliser nos savoirs afin de le « réintégrer » dans la Nature, au titre d'un phénomène comme un autre, justiciable de la démarche scientifique orientée par la recherche des causes ; son appel à l'avènement d'un humanisme nouveau, inspiré des sagesses orientales et bouddhistes, en particulier, qui assument la négation de l'individu et de sa volonté, au profit de la restauration

1. Jean-Michel Besnier, *L'Humanisme déchiré*, Descartes & Cie, 1993.

d'une sympathie avec la Nature et de la vertu (taoïste) du « laisser-faire » (le « Wu-Wei ») – ces positions argumentées dans *Tristes Tropiques* n'ont pas peu fait pour cautionner la disqualification des ambitions prométhéennes des Modernes. Celles qui nourrissent le posthumanisme devraient évidemment en être affectées. L'anti-humanisme de Lévi-Strauss est certes tout théorique et n'a rien à voir avec la générosité de ses engagements en faveur des Indiens Nambikwaras. Il se situe au niveau des représentations et non des actions. Il vise seulement à changer le regard que nous portons sur le monde afin de transformer nos comportements. Reste qu'on peut y trouver des arguments pour justifier le retour d'attitudes irrationalistes invitant à renouer avec quelque transcendance (Dieu, la Nature ou le Grand Tout).

La honte prométhéenne

La création des êtres posthumains qu'annoncent déjà les observateurs des technosciences devrait-elle se laisser impressionner par l'objection selon laquelle elle contreviendrait à la Nature, elle procéderait d'une transgression ? Assurément pas, si nous avions vraiment endossé les idéaux modernes et admis jusqu'au bout que notre liberté se mesure à notre audace à rompre avec la Nature. De longue date, on pouvait croire achevé le face-à-face avec cette Nature, car la confiance mise dans le pouvoir de notre activité conceptuelle nous assurait qu'il n'est d'autre réalité que celle de notre esprit. L'histoire de la métaphysique occidentale ne raconte rien d'autre que l'appropriation par nos concepts de ce qui paraissait d'abord étranger et hostile. En ce sens, elle décrit la conquête progressive de l'Esprit sur la Nature.

Quelques épisodes de cette conquête méritent d'être rappelés car ils tissent la toile de fond de la démesure technoscientifique. Avec Parménide, on avait commencé par douter et même par refuser à la Nature toute dignité scientifique : elle était réduite au mouvement – un mouvement dont on niait par ailleurs la réalité. Avec Héraclite, on affirmait assurément le mouvement et, avec lui, l'existence de la Nature, mais rien n'étant fixe, il était impossible de comprendre quoi que ce soit. Le mobilisme absolu requis pour penser la Nature équivalait finalement à un scepticisme définitif. Avec Platon, la Nature était contrainte d'abord à se dire sous la forme du Mythe, seul moyen de signifier ce qui, à la fois, est et n'est pas. Le Mythe invoqué dans le *Politique* révèle efficacement que la Nature n'existe qu'en tant que mouvement de dégradation et de corruption. On comprend alors en quoi la sagesse du bon politique consiste à le freiner et à sauvegarder l'ordre autant qu'on peut.

Parce qu'il propose, le premier, les moyens de concevoir et de mesurer le mouvement, Aristote est censé avoir jeté les bases d'une science de la Nature dont l'autorité perdurera jusqu'à Galilée. Ce dernier est pourtant réputé avoir enfin triomphé de la résistance de l'idée de Nature, en affirmant qu'elle parle « le langage mathématique », en particulier celui des figures géométriques. Avec Galilée, on sait que la Nature pourra être intégralement déchiffrée par notre esprit, qu'elle sera dépouillée de tout mystère, de tout implicite, de tout miraculeux. Tel est l'accomplissement du désenchantement, au prix duquel les hommes devaient cesser d'avoir peur et de se réfugier dans le giron protecteur des religions. En d'autres termes, la Nature devait être mise à la raison, « arraisonnée », comme le dit Heidegger.

L'histoire de la métaphysique est censée s'achever avec le Système du Savoir absolu de Hegel, qui montre comment la réalité devient intégralement compréhensible et comment le sujet humain peut désormais s'y sentir chez lui. Point d'orgue de l'« arraisonnement » décrit par Heidegger : la technique peut faire le reste et dominer sans limites cette réalité.

La Nature n'est plus pour nous qu'un matériau indéfiniment manipulable, un « fonds » d'énergie à exploiter jusqu'à plus soif. À la sympathie qu'exprimait encore pour elle l'agriculteur s'est substituée une attitude agressive, celle du « moléculteur » préoccupé de sommer la Nature de se plier, jusque dans ses constituants physico-chimiques les plus infimes, au fantasme de sa toute-puissance. Heidegger a rendu saisissant le fossé qui sépare l'âge du moulin à vent de celui de la centrale thermique, la poésie du ruisseau de l'exploitation arrogante du Rhin [1]. Toujours est-il que le face-à-face avec la Nature est devenu mortel pour elle : le sujet humain qui l'affronte veut la transformer, l'améliorer, l'augmenter voire la supprimer.

En 1956, Günther Anders révélait l'ampleur de l'impatience des hommes à se débarrasser de la Nature. Dans son livre *L'Obsolescence de l'homme*, il décrit ce qu'il appelle « la honte prométhéenne » éprouvée par ses contemporains devant la perfection des techniques qu'ils ont réalisées, envers et contre la Nature. L'homme finit par avoir honte de son origine naturelle, honte de devoir son existence au processus aveugle de la procréation et de la naissance. Il comprend, devant la perfection de ses artefacts, qu'il est

---

1. Ces thèmes sont développés par Heidegger dans « Qu'est-ce que la technique ? », in *Essais et conférences*, Gallimard, 1980.

lui-même imparfait parce qu'il est *devenu*, alors qu'il aurait pu avoir été *fabriqué* par lui-même. Il aurait voulu « ne se devoir lui-même qu'à lui-même », être « un moi s'auto-posant », selon l'expression de Fichte. Cette perspective satisferait pleinement l'idéal d'autonomie tel que la Modernité l'a couvé et rendrait complètement obsolètes ces philosophies de la Nature qui nous contraignent à « être nés ». La technique triomphante a ainsi réactivé l'ambition métaphysique la plus démesurée, celle qui invitait l'Esprit à en finir avec la Nature.

Aujourd'hui l'idéal d'autonomisation de l'Esprit culmine avec le fantasme d'une auto-production qui nous délivrerait de la nécessité de la naissance, par le moyen du clonage ou de l'utérus artificiel. Il culmine aussi avec le rêve d'une immortalisation qui, grâce à la congélation des corps ou au téléchargement de la conscience, nous débarrasserait de l'inconvénient d'avoir à mourir. Et puis, plus simplement, il culmine avec la conviction que la maladie, cette erreur de la Nature, doit disparaître et que la médecine – la nanomédecine – offrira bientôt les moyens pour l'organisme de s'autoréparer. La réalisation de l'idéalisme absolu des philosophes, qui finissent par enclore toute réalité dans leurs concepts, est donc à portée de nos possibilités technoscientifiques. Voilà peut-être pourquoi la dénaturation entreprise par les Modernes trouve son apogée, aujourd'hui, dans le contrepoint des recherches en nanotechnologie, avec le programme de quelques sectes transhumanistes. La mort, la naissance et la maladie sont naturelles. Il faut s'en débarrasser et ouvrir ainsi, à force de transgressions, une ère nouvelle !

Que faire contre cette folie antinaturaliste qui s'est alimentée aux promesses de la science et de la technique et qui menace de produire, devant la réalisation de ces promesses, des réactions irrationnelles ? En appeler, comme certains philosophes, à la mesure, au réenracinement ? Nietzsche réclamait qu'on retrouve « le sens de la Terre », Heidegger celui de « l'habiter », Hannah Arendt celui du « monde », en tant qu'il relève du projet des hommes et ne se laisse pas réduire au processus cyclique et aveugle caractéristique de la Nature. Autant d'invitations à la sagesse qui ne font guère le poids, hélas, devant les réactions fanatiques de ceux qui, pour battre en brèche l'anthropocentrisme des Modernes, réclament le retour aux attitudes archaïques de soumission à l'égard de la Nature, aux illusions animistes de toujours ou au désir mystique de symbiose avec le Grand Tout.

Mais force est de reconnaître encore une fois que le fanatisme est toujours dans la crispation sur des positions unilatérales : celles des écologistes profonds se révèlent à cet égard symétriques de celles des transhumanistes d'aujourd'hui. Tout donner à la Nature, tout à la technique : où est la différence ? On peut répondre que l'erreur est dans le point de départ et qu'il faut cesser d'imaginer qu'on peut se représenter une notion de Nature telle qu'on doive l'encenser ou la diaboliser. On a sans doute raison de dire que la Nature a fait son temps. De plus en plus de philosophes avisés en conviennent. Par exemple, Catherine et Raphaël Larrère dont le triple constat ne manque pas d'ouvrir des perspectives pour les écologistes attachés au raisonnable : 1) « On ne peut plus concevoir l'extériorité de l'homme et de la nature » ; 2) « Cette nature nous est d'autant moins extérieure qu'elle comprend nos ouvrages techniques » ; 3) « Si la modernité conçoit la nature comme un système en équilibre, voire comme un ensemble harmonieux, cette conception équilibriste n'est plus tenable. Nous savons qu'il y a des processus "chaotiques", déterminés et imprédictibles [1]. »

Il est clair que ces constats rendent dérisoires aussi bien la position des technophobes que celle des technophiles. Ils devraient plutôt nous convaincre que nous n'avons d'autre choix que celui de vivre avec nos techniques, que la référence normative à une nature est aussi illusoire que celle qui situerait l'idéal dans un univers intégralement artificiel [2].

Bruno Latour avait donné le ton du présent chapitre en invitant à renoncer au mythe du Grand Partage entre Nature et Artifice. L'écologie politique pour laquelle il milite est en ce sens cohérente : on n'y parle plus de Nature, tout en concédant qu'il y a du non-humain autour de nous, avec quoi il convient de pactiser car nous n'avons pas le choix. Comme l'éthique du posthumain dont nous avons dessiné les traits en commençant, cette écologie politique encourage donc à instituer la relation avec le non-humain et à œuvrer ce faisant pour une « cosmopolitique » (Isabelle Stengers), c'est-à-dire « l'institution publiquement réglée des liens entre humains et non-humains » (Bruno Latour). Cette écologie politique réclame « un Parlement des choses », non pas pour renouer avec quelque animisme irrationaliste, mais pour exprimer

---

1. Catherine et Raphaël Larrère, *Du bon usage de la nature. Pour une philosophie de l'environnement*, Aubier, 1997, p. 163.

2. Voir, sur ce point, le livre de Michel Puech, *Homo sapiens technologicus. Philosophie de la technologie contemporaine, philosophie de la sagesse contemporaine*, *op. cit.*

un idéal d'institutionnalisation de la nature, fondé sur une éthique de la délibération publique. L'objectif de totalisation, qui était celui des philosophies de la Nature et qui a conduit aux dérapages dans le religieux et le métaphysique, reste d'une certaine façon à l'ordre du jour, mais il est désubstantialisé, déréifié : il est confié à une démarche procédurale – éthique et politique, en ce sens – visant à dessiner un horizon pour des pratiques qui cherchent à « mettre en monde » les humains et les non-humains.

5.

UN ACCABLANT DÉSIR DE MACHINE

« Un jour, les robots pourront nous duper en nous faisant croire qu'ils sont humains » : c'est la conviction du professeur Hiroshi Ishiguro qui mène des recherches sur la communication avec des robots androïdes. La génération des « Repliee [1] » qu'il a mise au point est déjà édifiante. On décrit ces robots non pas comme des automates mais comme des créatures dont la tête est capable de simuler les mouvements des yeux, des sourcils, de la bouche, des joues et du cou selon des degrés de liberté de plus en plus nombreux. Les mouvements de leur torse sont amples et dépourvus des saccades qui signaleraient la mécanique en eux. Équipés de nombreux capteurs, ces androïdes sont sensibles au toucher et réagissent aux gestes des humains

1. Dans la revue électronique *www.automatesintelligents.com* et sous le titre « Repliee ou l'inexorable marche vers le robot androïde ? » (22 août 2005), Christophe Jacquemin a livré un fort substantiel dossier auquel j'emprunte certains éléments.

qui les entourent, grâce à des caméras multidirectionnelles et des senseurs tactiles. La silicone imite chez eux la peau de manière étonnante. Ils savent reconnaître la voix humaine, quels que soient ses intonations et le niveau sonore de l'environnement dans lequel elle est émise. Qui plus est, ils sont eux-mêmes capables d'exprimer plus de 40 000 phrases sur un mode fluide et naturel, d'identifier les émotions de leurs interlocuteurs et d'en imiter eux-mêmes certaines. Enfin, ils sont parfois capables d'humour dans leurs échanges avec les visiteurs des expositions qui permettent de les fréquenter à Tokyo ou à Aichi.

Les Japonais misent sur la réalisation de robots androïdes pour compenser le vieillissement de leur population et pour s'épargner le recours à une immigration contraire à leur tradition d'isolement [1]. Ces robots devront donc rendre un service sans surprise et assurer à l'humanité nippone le confort de ses vieux jours. Mais pourquoi s'escrimer à leur donner figure humaine ? Pourquoi attendre d'eux qu'ils trompent le plus longtemps possible les humains avec lesquels ils sont mis en relation ? La réponse donnée par Hiroshi Ishiguro est inattendue : plus le robot ressemblera à l'homme, plus il donnera à comprendre ce qui fait l'essentiel des relations entre les humains. En d'autres termes, c'est la communication intersubjective – celle qui met en présence les hommes et les femmes – qui est l'enjeu de la mise en contact de l'humain et de la machine. Grâce à l'androïde, on devrait identifier

1. Le roboticien japonais Kazuhito Yokoi expliquait ainsi l'avance des Japonais, dans un entretien donné au journal madrilène *Publico*, publié sous le titre : « Hommes et machines doivent apprendre à se comprendre », dans le supplément de l'hebdomadaire *Courrier international* du 13 au 19 novembre 2008.

ce qui fait à nos yeux le propre de l'humain avec lequel on interagit. Se laisser d'abord tromper par lui serait le tenir comme membre à part entière de l'humanité, découvrir ensuite son erreur imposerait de se demander où se nichait la source de l'erreur qui le faisait humain selon nous. Était-ce son regard ? L'intonation de sa voix ? Le petit mouvement d'épaule qui ponctue ses paroles ?... La leçon de l'illusion pourrait se révéler riche d'enseignements. Être renvoyé à soi-même et aux autres que soi, à l'occasion de la relation qu'on entretient avec la machine : telle est l'une des dimensions éthiques que ce livre découvre dans les technologies du posthumain.

Le robot, miroir de l'homme simplifié

À quelles conditions le robot androïde se trouvera-t-il engagé dans une relation morale – et non pas instrumentale – avec l'homme ? Est-il bien approprié de qualifier cette relation de « morale » ? Ceux de nos contemporains qui vivent en compagnie d'animaux domestiques répondront que le chat ou le chien sont des partenaires dotés de quelque chose comme une subjectivité et, en tout cas, d'une faculté de souffrir qui imposent qu'on les traite au même titre que des personnes. Ils vous diront peut-être que, devant cet animal, ils ne se sentent pas le droit (ou le cœur) de faire n'importe quoi, comme si celui-ci pouvait les juger. Comme s'il pouvait leur renvoyer d'eux-mêmes une image dépréciative ou encore comme si l'on pouvait offusquer sa sensibilité ou même sa pudeur. Nonobstant l'animisme dont on la charge, la situation est bel et bien morale et implique, à ce titre, la rencontre de points de vue sur le monde qui appellent leur harmonisation. En quoi la relation avec ce robot qui me ressemble, qui me regarde, qui me répond avec à propos, dont la poitrine est parfois animée d'un frémissement attendrissant – en quoi la relation avec ce robot, dis-je, interdirait-elle les attributs qu'on prête à l'intimité nouée avec l'animal domestique ? Après tout, nous n'en savons guère plus sur l'aptitude de l'animal à développer des comportements intentionnels – une théorie de l'esprit, comme disent les sciences cognitives – que sur l'horizon de complexification du fonctionnement des robots évolutionnaires qui font l'objet des recherches contemporaines. À supposer que la comparaison ne puisse convaincre, demandons-nous simplement si les conquistadors espagnols n'ont pas d'abord développé, à l'égard des Indiens qu'ils découvraient en même temps que l'Amérique, une interrogation comparable à celle que pourrait susciter le Repliee du professeur Ishiguro : ont-elles donc une âme, ces créatures étranges, qui évoquent des traits caractéristiques de l'humain ?

Mais, au fond, le robot androïde pourrait être source d'une perplexité moindre, lui qui ressemble à s'y méprendre à ce que je suis. La relation que j'engage avec lui ne pose finalement pas plus de problèmes que celle que j'entretiens avec tel prestataire de services dont je ne me demande pas s'il est intérieurement riche d'une histoire individuelle et collective qui l'introduirait d'emblée dans mon espace d'humanité. Avec lui, le dialogue se réduit au strict plan fonctionnel et obéit à une pragmatique qui se dispense de la référence à sa probable intériorité. L'employé de la SNCF ou le garagiste peuvent tellement bien imiter le robot qu'on tend d'ailleurs à les remplacer par des automates ou des systèmes experts. Où se situe donc la qualité morale avec des êtres dont on vous dit que la technique les rend de plus en plus superflus ? Serait-ce donc que la perspective ouverte par la prolifération dans notre environnement de robots androïdes nous contraindrait à expérimenter le fait du caractère foncièrement instrumental des relations interindividuelles que notre monde nous porte désormais à entretenir ? Comme si l'on devait se dire qu'il y a déjà longtemps que notre rapport aux autres se trouve réduit à l'élémentaire, qu'il n'est guère plus riche que celui de la vieille femme solitaire avec son chat.

Le robot androïde serait à cet égard un révélateur de la simplification de plus en plus répandue des relations humaines – une simplification brutale qu'il faudrait déclarer déshumanisante puisqu'elle s'apparenterait à l'échange que nous établissons avec l'animal et la machine. L'ingénieur en intelligence artificielle qui se réjouit de pouvoir substituer au médecin, au plombier ou au psychanalyste un système expert qui délivre des diagnostics, des solutions techniques ou des incitations aux associations libres – cet ingénieur traduit-il implicitement le fait que l'essentiel d'un dialogue consiste en un échange de signaux dépourvus d'ambiguïtés ? Dans un article du *Sunday Telegraph* qui annonçait la production de robots capables de ressentir des émotions primaires, comme la joie et la tristesse, et d'en tirer une motivation pour exécuter leurs tâches, on lit cette définition qui en dit long sur l'absence d'états d'âme des spécialistes en génie robotique : « Les émotions humaines sont avant tout une série de signaux électriques et chimiques que notre cerveau interprète pour produire un sentiment particulier. Et cette émotion est à la base d'une série de décisions sur ce qu'il faut faire ensuite[1]. » Rien de plus simple, pour finir, que de programmer un robot afin qu'il interprète des signaux électriques comme autant d'émotions qui déclencheront chez lui des réactions se traduisant par des comportements émotionnels.

Triomphe des thèses de Skinner qui affirmait, dès les années 1950, qu'on devait désormais se débarrasser des spéculations sur une supposée conscience qui se dissimulerait derrière le comportement des hommes et lui donnerait une ineffable profondeur. Triomphe des théories scientifiques de l'information qui entendent faire prévaloir comme seule intéressante la mesure statistique opérée sur les messages et réserver la question de leur sens aux poètes et aux philosophes.

Il est temps de le dire : dans la relation intersubjective entre humains, la qualité morale que le dialogue avec le robot pourrait rendre évidente, en révélant ce qui lui fait défaut, est déjà compromise par la généralisation des échanges instrumentalisés qui caractérisent la vie moderne. Le fait même qu'on puisse s'accoutumer à l'exigence d'avoir à prononcer des phrases à la demande d'un opérateur téléphonique à reconnaissance vocale, manifeste qu'on tient désormais le langage pour ce système de signaux appelés à produire des réactions et non pas le retour de signes qui engendrerait une conversation. Les relations profondément humaines, dont le robot androïde révélerait qu'il n'est pas capable et qui circonscriraient *a minima* sa destination morale, sont de celles qui ont de moins en moins cours dans l'espace interindividuel dominé par les

---

1. Article de Richard Gray, publié dans *Courrier international* du 13 au 19 novembre 2008.

impératifs sociaux modernes : relations de séduction, surenchère de prestige, encouragement à l'exemplarité ou à l'édification.

Le poète Rilke trouverait-il aujourd'hui un jeune poète désireux de grandir, au gré d'un patient échange délié de toute obligation de réciprocité ou de transparence ? On aura beau prêter un point de vue sur le monde au robot androïde et l'ériger, ce faisant, en acteur moral, il est fort probable qu'il ne sera pas pour nous le prétexte à grandir. Il le sera d'autant moins, faut-il ajouter, que cette aspiration elle-même a cessé de déterminer les relations humaines proprement dites. C'est à sa façon ce qu'expliquait Sloterdijk, après Heidegger, en déclarant archaïque l'humanisme classique, celui qui reposait sur l'échange épistolaire et la lecture désintéressée des œuvres édifiantes. Au terme, la relation avec le robot risque même de ne plus susciter la frustration de l'échange superficiel, tant le désir et l'appétit de l'autre que soi paraissent s'exténuer.

La réduction à l'élémentaire

Les ingénieurs en robotique qui ne partagent pas nécessairement la préoccupation philosophique que je rappelle ici ont pu néanmoins constater que leurs créatures anthropomorphes mettaient mal à l'aise, voire suscitaient un certain effroi, dès lors qu'elles entretenaient trop longtemps l'imposture. Comme si le degré de ressemblance du robot avec l'humain pouvait faciliter une relation empathique exploitable jusqu'à un certain point, avant de passer les bornes et de susciter le rejet, au motif qu'elle usurpe un privilège réservé aux humains. Sursaut de dignité qui pourrait contredire l'abandon à la superficialité que je viens d'évoquer ? Réflexe d'appartenance « spéciste », comme on dit de nos jours ? Le jeu avec les frontières entre l'humain et la machine doit sans doute rester un jeu, c'est-à-dire préserver les règles d'identification des partenaires.

Déjà Turing avait éveillé la critique avec son fameux test destiné à montrer qu'un ordinateur pouvait être déclaré intelligent, pour peu qu'il puisse seulement imiter un comportement réputé intelligent au point de tromper ses partenaires humains. Est-il donc possible, lui opposa-t-on, de faire abstraction du fait qu'être intelligent suppose qu'on veuille faire ce que l'on fait ? Quel ordinateur manifestera-t-il qu'il a l'intention de faire ce qu'il fait ? Ishiguro s'expose aux mêmes objections en entreprenant de réaliser le « total Turing test » et de montrer que si une personne ne peut distinguer un robot d'un humain lorsqu'elle le voit et communique avec lui, alors ce robot peut être considéré comme « l'ultime robot intelligent ». Que le débat se trouve déplacé et qu'il demeure ouvert n'est sans doute pas anodin. La cause de l'homme n'est pas gagnée.

Serait-ce que l'androïde éveille aujourd'hui la perplexité provoquée par les performances des ordinateurs imaginés par Turing et que nous nous trouvons dépourvus d'arguments pour dresser contre lui des critères de l'identité humaine que la machine ne pourrait contester ? En d'autres termes, la sophistication des robots révèle peut-être la difficulté dans laquelle nous sommes de plus en plus de définir l'humanité, d'objecter placidement que l'humain commence là où la machine ne saurait le rejoindre. C'est bien pourquoi l'on s'habituerait progressivement à la perspective d'un posthumanisme qui jouerait de l'indéfinition des frontières sur lesquelles nous avions jadis bâti nos convictions humanistes. Il y a une dizaine d'années, la féministe américaine Donna Haraway, dans son *Manifeste cyborg*, avalisait cette évolution pour se féliciter qu'elle nous dispense bientôt des oppositions (dont celle des genres) dans lesquelles nous nous enfermons : « Avec les machines de la fin du XXe siècle les distinctions entre naturel et artificiel, corps et esprit, autodéveloppement et création externe, et tant d'autres qui permettaient d'opposer les organismes aux machines, sont devenues très vagues. Nos machines sont étrangement vivantes, et nous, nous sommes épouvantablement inertes [1]. » D'où vient que nous en soyons là et que nous oubliions si facilement que nous sommes aussi et surtout (?) des êtres qui partagent l'humanité de Baudelaire, de Kazantzakis, de Monteverdi ou de Bach auxquels nous sommes tentés de prêter davantage qu'un fonctionnement neuronal exceptionnel ?

Si l'automate peut imiter l'humain, c'est que celui-ci s'est auparavant laissé décrire comme un automate : le philosophe Georges Canguilhem attribuait à Descartes cette simplification propice à la mécanisation de l'homme et à l'affadissement des relations interindividuelles. Dans un séminaire de l'année 1954-1955, le psychanalyste Jacques Lacan renchérissait : « La question de savoir si la machine est humaine ou pas est évidemment toute tranchée – elle ne l'est pas. Seulement, il s'agit aussi de savoir si l'humain, dans le sens où vous l'entendez, est si humain que ça. » L'âge du posthumain se trouve facilité par la réduction

1. Première publication : « Manifesto for Cyborgs : science technology, and socialist feminism in the 1980's », in *Socialist Review 80* (1985). Publié en français dans *Connexion, art, réseaux, media*, Annick Bureaud, Nathalie Magnan, Éditions de l'Ensb-a, coll. « Guide de l'étudiant en art », 2002.

mécaniste de l'homme qu'ont permise les différentes techniques d'intervention sur ce que l'on a tenu longtemps pour sacré : les biotechnologies médicales, plus que tout autre, accréditent cette réduction.

Ainsi, la présentation des manipulations génétiques telle que l'offrent les expositions scientifiques ou les magazines de vulgarisation a fini par ôter tout mystère à la naissance de l'humain : on a très vite recouru à la métaphore du montage de bandes magnétiques pour expliquer les perspectives de modification du génome. S'il faut des ciseaux, dans le premier cas, nous expose-t-on depuis longtemps, on utilisera des enzymes de restriction dans le second, mais l'opération ne présentera guère plus de difficultés. Les explications des techniques de fécondation *in vitro* ne se sont pas embarrassées de plus de subtilités : donnez-vous un ovule, inséminez-le avant de le réimplanter dans la matrice d'une femme préparée à le recevoir, grâce à une thérapeutique hormonale destinée à simuler les premiers stades d'une grossesse. Cette femme pourra être n'importe quelle femme : propriétaire de l'ovule fécondé ou non, privée d'ovaires ou d'ovulations, éventuellement ménopausée. Lors de la fécondation *in vitro*, vous obtenez plusieurs embryons que vous congèlerez dans des réservoirs d'azote pour les réimplanter un jour. Vous pourrez en couper certains en deux et réimplanter les deux moitiés successivement (pour obtenir des jumeaux à quelques années de distance, des jumeaux qui n'auraient pas forcément la même mère biologique). Vous pourrez aussi, sans plus de problèmes, éliminer le noyau d'un ovule fécondé et le remplacer par le noyau d'une cellule quelconque d'un autre être, pour obtenir alors un clone. Le public s'est habitué à ce que tous les possibles lui soient ainsi offerts.

De la sorte, le posthumain est inscrit dans la logique consumériste qui met à portée la manipulation de l'humain. L'idée d'Homme n'étant plus contraignante, la voie est ouverte pour son au-delà.

Ce qui est illustré ici par la pratique banalisée des fécondations *in vitro* trouverait son prolongement dans les spéculations ouvertes par l'utérus artificiel qui nous débarrassera de l'inconvénient de naître à partir de la rencontre hasardeuse de deux sexes. Les neurosciences pourraient aussi attester cette simplification de l'humain qui annonce la production du posthumain. Quand la dépression tient à la seule recapture de la sérotonine, l'amour à la simple sécrétion d'ocytocine ou la moralité à l'état de notre cortex frontal, on se dit qu'il est vraiment inutile d'en appeler à l'ascèse philosophique ou aux subtilités de la cure psychanalytique pour régler les dysfonctionnements de la vie psychique. N'est-il pas bien préférable de recourir à la modification de l'humeur permise par les psychotropes, en attendant le recours aux implants électroniques ou à la nanomédecine ? Ce que les techniques d'imagerie cérébrale nous donnent à voir nous dispense de vouloir en savoir davantage. L'intelligence est du côté de nos machines calculantes.

La langue mise au pas

Martin Heidegger avait prévu cette inflexion qui nous dépossède des prérogatives de l'humain. Dans une conférence publiée sous le titre *Langue de tradition et langue technique* [1], il l'avait exposée devant un public d'élèves

1. Lebeer-Hossmann, 1990.

ingénieurs auxquels il entendait communiquer un message philosophique : la technique est une menace pour la culture humaine parce qu'elle exige de la nature qu'elle se réduise à la seule énergie qu'elle est capable de fournir et au seul calcul auquel on peut la soumettre. Et il mettait en évidence le fait que l'utilisation du langage aux seules fins d'informer, dans nos sociétés technologisées, explique le primat d'une logique binaire et la volonté de l'appliquer sans limites.

Simplification, donc, que cette instrumentalisation de la langue, qui devrait dire selon le philosophe notre rapport au monde et n'exprime plus que notre mainmise sur lui – ce que désigne chez lui le mot « arraisonnement ». « C'est sur les principes techno-calculateurs de cette transformation de la langue comme *dire* en langue comme *message* et comme simple production de signes que reposent la construction et l'efficacité des ordinateurs géants » (p. 39).

En d'autres termes, Heidegger constatait que c'est la machine qui façonne la langue à son image, en en restreignant l'usage à ce qu'elle peut traduire, c'est-à-dire coder en suites de décisions binaires [1]. D'où la menace contre « l'essence la plus propre de l'homme ». Les promesses de la cybernétique sont décidément, aux yeux de Heidegger, le comble du danger pour l'humain, à quoi il faudrait

1. Ollivier Dyens fait aujourd'hui le même constat en incriminant le langage informatique d'avoir fait triompher le point de vue de la machine et d'ouvrir une ère dans laquelle l'homme se trouve marginalisé par les techniques. À sa manière Korzybski, dont j'ai évoqué la sémantique générale (voir chapitre 2), voyait juste lorsqu'il entendait débarrasser le langage de la domination du verbe « être », au motif qu'il induit une obsession de l'identification qui donne le champ libre au langage technique.

opposer les ressources de la langue naturelle, celle qui n'a pas été formalisée – « binarisée » ou « digitalisée » – par la technique, celle qui peut dire l'inutile, la méditation, la poésie. Faute de résister, le posthumain fera triompher la langue technique et, par conséquent, la réduction de l'humain à cet élémentaire que nous partageons avec les choses indéfiniment manipulables.

On a déjà suggéré qu'il y avait, derrière ce consentement à la superficialité tellement favorable à l'emprise sur nous des techniques, l'aveu d'une impuissance, quelque chose comme le désolant constat d'une mésestime de soi. C'est là sans doute qu'achoppe la Modernité : il faut désormais se fuir ou bien mourir et laisser la place.

L'intolérance à soi-même

À partir de quel moment l'homme a-t-il commencé à jeter sur lui-même un regard dépréciatif ? Quand la conscience de ses imperfections a-t-elle provoqué en lui de la honte ? Car, après tout, celle-ci n'était pas fatale et il s'est trouvé plus d'une voix, dans la tradition, pour mettre l'accent sur ces imperfections et se réjouir qu'elles soient le lot des hommes, la marque de leur espèce.

La philosophie des Lumières a décliné sur tous les tons cet argument pour en déduire que, parce qu'elle est inachevée, l'humanité est promise à un avenir radieux : par bonheur, expliquait-on, nous ne sommes ni des dieux ni des animaux, les deux ayant en commun d'être d'emblée ce qu'ils seront, alors que les hommes sont voués à devenir et grandir, parce qu'ils sont toujours perfectibles, jamais achevés. Au regard des dieux, l'homme peut bien avoir le sentiment de manquer de quelque chose, de n'avoir pas bénéficié au mieux de la distribution originelle des attributs qui l'auraient érigé en être parfait, seulement destiné à parcourir le cycle naturel de son existence à l'instar des animaux. C'est la responsabilité de ce manque que la mythologie grecque impute à Épiméthée, « celui qui agit inconsidérément » et oublie de servir les hommes au moment du partage des ressources offertes par Zeus aux êtres vivants. Mais ce mythe avait jusque-là mis l'accent sur Prométhée qui rectifie l'erreur de son frère en volant aux dieux le feu et la connaissance des arts et des techniques, grâce à quoi les hommes pourront engager une histoire qui les arrachera à la précarité de leur nature.

À partir de quel moment Épiméthée est-il venu voler la vedette à Prométhée, dans l'exposé du mythe, pour expliquer le défaut ontologique dont les hommes n'ont finalement pas pu se remettre, malgré l'aptitude à progresser indéfiniment qui en est résultée pour eux [1] ? D'où vient que l'histoire s'est rendue incapable de nous faire oublier que nous n'avons pas la sagesse des dieux ni l'instinct des animaux, mais que nous sommes condamnés à solliciter notre misérable intelligence, tellement peu propice à nous garantir la sérénité ?

Au cours des rencontres sur « Le robot, la bête et l'homme » que j'ai déjà évoquées dans le chapitre 1, Roger Caillois s'exprimait ainsi : « Certes, l'homme est un raté, et même pire : un raté volontaire, un raté qui s'est voulu raté, qui a cherché et réussi à se désadapter de sa condition d'animal sûr, infaillible et heureux. C'est bien un raté, il est

1. Voir par exemple Bernard Stiegler, *La Technique et le Temps. La faute d'Épiméthée*, Galilée, vol. 1, 1994 (vol. 2, 1996, vol. 3, 2001).

maladroit, titubant, timide, faible, absurde, injuste, et malheureux. Tout cela, il l'a voulu. » Mais Caillois, qui reste attaché à l'esprit des Lumières, ajoute : « J'estime que c'est ce qui fait sa gloire et son honneur » (*op. cit.*, p. 181). Belle façon d'inviter ses semblables à faire bonne figure et d'en appeler à une prématurité essentielle en l'homme – ce qu'on appelle aussi sa « néoténie [1] » – ainsi qu'à sa finitude, plutôt que d'en déplorer les funestes effets, puisqu'elles paraissent au contraire condition de la liberté et de l'accès au sentiment de la beauté. Mais d'autres que Caillois, de plus en plus nombreux à l'heure où l'histoire humaine porte davantage à se méfier voire à désespérer du progrès, y verront un encouragement à en finir avec cette insupportable finitude. Ceux-là seront disposés à renoncer à la liberté, cette dérisoire illusion, ou à souhaiter l'une de ces deux formes de fuite dans la perfection que sont l'animalisation et la mécanisation.

Est-ce l'effet de ce désamour de soi-même qui explique la fascination pour le pouvoir des machines chez un nombre croissant de nos contemporains ? Aurions-nous fait quelques « progrès » dans le sens de la haine de soi qu'exprimaient déjà, au début du XXe siècle, les futuristes italiens ? Quand Filippo Tommaso Marinetti en appelait au culte de la volonté afin qu'elle sorte d'elle-même et

1. Dans *La Domestication de l'être*, *op. cit.*, Peter Sloterdijk reconstruit les grandes étapes de l'hominisation et s'attache au « théorème de la néoténie » qui affirme qu'« une révolution temporelle tout à fait curieuse a eu lieu chez l'*Homo sapiens* – une révolution qui n'a du reste toujours pas fini de s'accomplir. En son centre, ou sur son pivot, on trouve un avancement risqué du moment de la naissance et un retard immensément accru du moment où l'on devient adulte – une évolution pour laquelle l'humanité préhistorique et historique a payé, jusqu'à une période récente, le prix d'une mortalité infantile très élevée » (pp. 55-56).

s'empare de la matière pour la modifier « selon notre caprice », il traduisait cette intolérance à soi-même dans laquelle je vois aujourd'hui le mobile des spéculations transhumanistes. « Intolérance à soi-même », c'est-à-dire également rejet de la nature et, chez les utopistes de l'époque, ce rejet portait aussi contre la femme qui en est le symbole. « Bientôt, proclamait Marinetti, vous enfanterez sans recourir à la vulve de la femme[1] ! » « Intolérance à soi-même », c'est-à-dire attente enthousiaste de l'avènement d'une métamorphose, comme en témoignent les accents d'un texte au titre éloquent, *L'homme multiplié et le règne de la machine* : « Il faut préparer la prochaine et inévitable identification de l'homme avec le milieu ; nous aspirons à la création d'un type non humain[2]. » Celui-ci sera évidemment fort, parce qu'il sera mécanique et métallique. On sait combien cet idéal d'un homme d'acier, déterminé à défier la mort, a subjugué les fascistes. Il y a un siècle, on attendait déjà des machines qu'elles nous propulsent dans un univers exempt de faiblesses.

Même si l'on rappelle avec bon sens, pour mieux tempérer l'ivresse futurologique, que l'homme est l'inventeur des machines, on est de moins en moins surpris par le consentement tacite à la supériorité de ces machines sur lui. La revanche de la créature contre son créateur n'est plus seulement un thème de science-fiction ni l'argument d'une morale antiprométhéenne, à la manière de Mary Shelley, l'auteur de *Frankenstein*. On s'habitue tout simplement à l'idée que nos machines sont plus performantes que nous

---

1. Filippo Tommaso Marinetti, *Mafarka le futuriste. Roman africain*, Sansot, 1909.
2. Filippo Tommaso Marinetti, *Le Futurisme*, L'Âge d'homme, 1980.

et que notre intérêt consiste à savoir les utiliser au mieux de leurs possibilités.

L'idée qu'elles puissent nous dominer n'a plus sérieusement la vertu de nous effrayer. On se résout à vouloir confier l'émancipation des servitudes quotidiennes à des machines dont les facultés nous dépassent de plus en plus. On écarte l'inquiétude qui pourrait en résulter, en se disant qu'il faut tout au plus savoir ménager la puissance que nous avons produite, au point de faire les concessions qu'implique toute négociation avec les forts.

D'humiliation en nausée

En 1965, Aurel David, exposant les principes de la cybernétique pour un public qui en découvrait tout juste l'existence, exprimait avec placidité le fait que nous soyons désormais dépassés par les machines que nous avons créées pour nos besoins et il en tirait une conclusion mortelle pour l'anthropocentrisme : « L'organisation du travail a introduit une sorte de chasse à l'homme dans l'usine. Le corps humain est le seul point faible d'un ensemble mécanique. Ce n'est qu'au moment où le dernier homme aura été chassé de l'usine que l'on pourra envisager le perfectionnement harmonieux et sans limites de l'ensemble des machines[1]. »

David n'éprouvait pas même l'intention de souligner la situation paradoxale qui révèle l'infériorité du créateur sur sa créature. Un cartésien s'y serait employé, en interro-

1. Aurel David, *La Cybernétique et l'Humain*, Gallimard, coll. « Idées », 1965, p. 85.

geant cette bizarrerie antimécaniste qui autorise l'effet d'une action à comporter plus de réalité que sa cause. Pourtant, qu'on se le dise, l'homme n'est plus à la hauteur et il lui faut composer avec la transcendance que son génie a fait émerger. Ou bien quitter la scène...

A-t-il seulement encore le choix ? « L'esprit cybernétique, expliquait Aurel David, semble pousser à la destruction de l'humain ». Quarante ans avant l'apparition des robots androïdes, il invoquait à l'appui de son diagnostic le développement des machines au comportement indéterminé, aux réactions émergentes et néanmoins adaptées aux circonstances, qui nous défient de continuer à croire que nous sommes seuls à être libres. Contraints à reconnaître les prouesses de nos robots, encore nous était-il alors permis d'affirmer que s'ils sont imbattables dans la réalisation des missions que nous leur assignons, ils sont bien incapables de se donner eux-mêmes des buts.

Or, les machines connexionnistes ou neuromimétiques, comme on nomme les robots dont le fonctionnement simule les mécanismes neuronaux, nous paraissent désormais capables d'apprendre, par conséquent d'évoluer, et elles seront bientôt en mesure de se construire elles-mêmes. Comment ne nous humilieraient-elles pas, tout vivants que nous soyons ? « L'homme s'amenuise par le haut et par le bas, dit encore David, attaqué par les machines aussi bien dans sa force brute que dans sa pensée asservie la plus subtile. » Entendez par là qu'il est dépossédé dans son travail par tous les instruments susceptibles de pallier sa faiblesse physique, de lui économiser des efforts musculaires, mais aussi par les ordinateurs et autres techniques cognitives qui le débarrassent de plus en plus du souci de penser et de gérer son savoir.

Ce qu'il croit encore pouvoir se réserver comme son privilège exclusif et qui ne relève pas, espère-t-on, d'automatismes (la poésie, l'humour, le sentiment esthétique ou amoureux, la foi religieuse...) lui est contesté chaque jour davantage par l'arrogance des sciences de la cognition. N'entendent-elles pas traduire en termes d'algorithmes la moindre de ses intuitions ou bien expliquer comme autant de mécanismes neuronaux ou hormonaux ce dont il était le plus fier ? L'humiliation vire parfois à la nausée quand les performances des machines nous conduisent à réaliser combien l'humain en nous tient à peu de chose, s'il peut être remplacé par quelque dispositif matériel. « Après avoir vu les "tortues électroniques [1]", une nausée vous vient en regardant vos propres mains, devenues des insectes automatiques, tirés par des régulations et des réflexes. »

Si Aurel David ne semble pas succomber à cette nausée, lui que n'effraie pas la montée en puissance de la cybernétique, il conçoit la démoralisation qui en résulte pour le commun des mortels. Déjà, au quotidien, la frustration est grande pour l'usager des transports en commun auquel l'automate refuse inexplicablement de délivrer un billet, pour le client auquel un message téléphonique ordonne d'obéir à sa logique imbécile. La technique qui doit servir les besoins humains et nous délivrer de la servitude suscite une colère désespérée, en objectant son indiscutable supériorité.

1. Il s'agit des tortues de Walter, inventées dans les années 1950 et qui manifestaient notamment l'aptitude à venir d'elles-mêmes recharger leurs batteries. Inutile de souligner combien l'exemple paraît aujourd'hui rudimentaire, tant ces tortues ont laissé place à des robots autrement plus impressionnants. Voir le livre de William Grey Walter, *Le Cerveau vivant*, Delachaux et Niestlé, 1954.

Ce diagnostic tellement banal vient rappeler qu'il n'est pas de pouvoir – même dans le monde des machines – qui ne soit tenté, pour mieux s'affirmer, de se soustraire aux attentes qu'on lui adresse. Le pire survient quand ce même pouvoir porte celui qu'il frustre à intérioriser l'échec auquel il le contraint. L'ergonomie de nos machines, en rendant leur utilisation de plus en plus complexe, entretient ainsi chez l'utilisateur une infantilisation propice à accroître l'ascendant qu'elles prennent sur sa vie. Bref, plus les machines sont puissantes, plus le regard que les hommes portent sur eux-mêmes est négatif. La technique est un facteur de mésestime de soi. Apparue pour compenser le défaut originel des hommes, elle se déploie tant et si bien qu'elle accroît en eux le sentiment de leur nullité.

Le philosophe Günther Anders avait décidément vu juste, dans son livre *L'Obsolescence de l'homme* [1], en diagnostiquant « la honte prométhéenne » qui affecte ceux d'entre les hommes qui réalisent avec accablement combien ils sont faibles, comparés à leurs machines. Au lieu de se faire une raison et de consentir à ce que le futur dessiné par l'évolution exponentielle de leurs machines ne les concerne plus, ils sombrent dans la déploration et donnent une dimension métaphysique à leur impuissance.

Honteux d'être ce qu'ils sont – des « êtres seulement devenus », victimes du fait d'être nés, soumis aux maladies et voués à la mort –, ils rêvent de mobiliser leur savoir aux fins d'y remédier : en se faisant *être*, ainsi que le permettraient le clonage ou l'ectogenèse ; en éradiquant les

1. *Op. cit.*

maladies, grâce à une médecine réparatrice des erreurs de la nature ; et en s'assurant l'immortalité, au moyen de techniques sophistiquées au nombre desquelles figure en général celle du téléchargement de la conscience sur quelque support indestructible.

Anders ignorait en son temps les fantasmes entretenus au sein de sectes transhumanistes. Il n'empêche qu'il visait juste : si l'autonomie désirée par les hommes depuis les Lumières n'est pas réalisable, celle que les machines sont en passe d'incarner exercera au moins son attraction sur eux. L'univers qu'elles ouvrent décrit désormais le seul horizon qui vaille. La fiabilité des réalisations techniques, la résilience des matériaux utilisés, la durabilité des objets sont autant de modèles que rendent plus désirables encore les perspectives ouvertes par les recherches en intelligence artificielle et en robotique.

Le cyborg, ou l'homme bionique, comme l'appelait encore Georges Canguilhem [1], devient un idéal du Moi pour qui a finalement compris que la croyance en la perfection du corps humain était illusoire, puisqu'un organe artificiel ferait toujours mieux que la nature. À cet égard, le vent de panique qui a récemment soufflé dans les coulisses du sport international, lorsque Oscar Pistorius a prétendu concourir aux épreuves du quatre fois 100 mètres des Jeux olympiques de 2008, a valeur d'emblème. Va-t-on laisser se développer la tentation de fabriquer des cyborgs appelés à triompher dans les stades ? Et pourquoi ne pas redouter quelque fou qui produirait à la demande les clones sur lesquels on grefferait ensuite les prothèses

---

1. Georges Canguilhem, « Machine et organisme », in *La Connaissance de la vie*, Vrin, 1967, p. 127.

susceptibles d'augmenter de manière spectaculaire les performances sportives ? Pour peu que « la honte prométhéenne » nous égare, l'avenir du génie biotechnologique appliqué à l'hybridation de la machine et de l'humain se trouve assuré. Il n'est pas certain que nous puissions encore aller contre cet avenir... ni que nous sachions comment y bien vivre.

6.

LA DÉFAITE DES IDENTITÉS

Tout âge nouveau exige l'abolition de la mémoire du monde révolu. Les utopistes le savent bien et, malheureusement aussi, les idéologues des régimes totalitaires. Construire l'avenir, selon eux, suppose qu'on ne se laisse pas imposer le passé comme un poids mort. C'est sans doute pour cette raison que l'imaginaire du posthumain exploite à l'envi le thème de la manipulation de la mémoire. Combien d'œuvres cinématographiques en témoigneraient qui mettent en scène la tentative de quelques héros solitaires pour retenir des bribes de passé dans un univers enclin à l'écraser ou, à défaut, à le brouiller !

Étrange science-fiction que celle qu'elles proposent : leurs personnages se demandent ce qu'ils sont, s'ils sont bien humains, si leurs souvenirs leur appartiennent vraiment, s'ils ne vivent pas dans le projet de quelques extraterrestres… *Total Recall* (1990) de Paul Verhoeven (d'après Philip K. Dick), *Blade Runner* (1982, puis 2007) de Ridley Scott,

Dark City (1998) d'Alex Proyas, *Matrix* (1999) des frères Wachowski… : autant de films où la domination des technologies est inexorable, où les androïdes, les clones et les cyborgs règnent en maîtres, où la fragilisation et l'asservissement des hommes consistent dans la défaillance de leur mémoire et la modification de leur perception du passé.

L'impact et le succès de ces œuvres de fiction tiennent sans doute à leur plausibilité. Elles dessinent un avenir où évoluent des êtres qui nous ressemblent encore, dans un univers que les sciences et les techniques ont dépouillé de ses contrastes et de sa profondeur. Elles mettent en scène des expériences de pensée dont les données sont intégrables dans le contexte des scénarios de notre existence – par exemple dans les situations où nous sommes en butte à l'hermétisme et l'indifférence des objets techniques. Les épreuves qu'affrontent les héros ne sont en rien miraculeuses. Elles exigent seulement qu'ils sachent préserver leur identité contre les puissances – celles de l'oubli, par exemple – qui la leur contestent.

Confrontés à l'essor de machines intelligentes, autonomes et dotées de facultés de mémorisation de plus en plus performantes, nous avons comme eux à attester notre humanité et, en cela, à témoigner que nous ne sommes pas de l'espèce de ces machines qui nous environnent. Ollivier Dyens posait ainsi la question : « N'est-ce pas, en quelque sorte, ce que nous ressentons tous, aujourd'hui, pris dans le tourbillon des technologies et des médias, pris dans le cycle de l'accroissement technologique où l'archivage est si facile, si accessible que nous nous déchargeons de toute activité mémorielle [1] ? » Redoutable question qui suggère

1. Ollivier Dyens, *La Condition inhumaine*, *op. cit.*, p. 206.

combien nous pourrions nous complaire à céder le pouvoir à ces machines qui nous dépossèdent de notre mémoire et donc, aussi, de notre identité. La servitude technologique volontaire serait notre destin et justifierait l'absence de résistance opposée au posthumain qui s'annonce.

Mémoire et oubli numérique

L'époque que nous vivons paraît bien obsédée par la mémoire, sous toutes ses formes. Par celle de nos vieillards que nous voudrions sauver du naufrage, par celle de notre histoire collective dont nous souhaiterions qu'elle nous livre les clés de sa compréhension, voire de sa justification, par celle de notre vie personnelle à laquelle nous suspendons le sentiment de notre identité – une identité fragile, malmenée et souvent douloureuse. On aimerait penser que cette obsession de la mémoire traduit la crainte que s'établisse, avec l'oubli, une discontinuité qui serait fatale à l'image de l'homme telle que la métaphysique d'un progrès ininterrompu défendue par les Lumières l'avait façonnée.

Décomplexées par rapport aux exigences de la mémoire, les utopies posthumaines assument et revendiquent la rupture avec le passé. Elles signifient toutes, à leur manière, le consentement à ce que la mémoire – cette faculté conçue traditionnellement comme le ferment de l'humanité – soit déléguée à nos machines et que nous soyons, ce faisant, débarrassés du temps et de ses vicissitudes. Certains visionnaires du posthumain, qui voient là une chance pour l'immortalité, ont retenu des anthropologues l'idée selon laquelle toute technique consiste essentiellement en une extériorisation de la mémoire des hommes [1]. Le moindre outil fait mémoire, si j'ose dire, et concourt par là même à la construction de la culture de l'humanité.

La muséologie témoigne de cette construction de l'humain qui s'étaie sur les vestiges de son activité technicienne. C'est d'ailleurs en ce sens qu'on a considéré l'écriture comme exemplaire de toute technique : elle recueille les dits et les gestes des hommes qui, sans elle, les oublieraient en l'espace de quelques générations. L'humanisme est associé à cette conviction de l'élargissement de l'âme humaine que le livre a rendu possible, grâce à la résistance qu'il oppose au temps. Et, avec ou sans Sloterdijk qui développe ce thème, on sait combien la menace qui pèse sur les valeurs humanistes concerne toujours le sort réservé aux livres et à la lecture. Un roman de Ray Bradbury devenu avec François Truffaut un film-culte, *Fahrenheit 451* (1966), a popularisé ce thème qui conserve, avec les technologies contemporaines, toute son urgence.

La question est d'ores et déjà posée : si nous avons jadis confié la mémoire qui nous fait hommes à l'écriture et aux techniques permettant sa reproduction et sa diffusion, que deviendrions-nous au cas où l'on cesserait d'en utiliser les divers supports ? Or, c'est à l'heure où nous disposons des technologies de mémorisation les plus performantes que nous découvrons la fragilité de la mémoire humaine. C'est ce paradoxe que décline la science-fiction d'aujourd'hui. La mainmise de l'informatique sur notre quotidien, la promotion d'une société de la connaissance fondée sur

1. C'est une idée largement exprimée dans l'œuvre de Leroi-Gourhan et que Bernard Stiegler exploite dans les trois volumes de *La Technique et le Temps*, *op. cit.*

l'essor des sciences et techniques d'information et de communication, ne nous mettent pas à l'abri de l'amnésie, loin s'en faut. L'oubli numérique, comme on le nomme, est déjà la hantise des ingénieurs qui redoutent qu'à moyen terme nous ne soyons plus capables de lire les fichiers électroniques sur lesquels nous avons enregistré ce que nous ne consignons plus dans les livres. Mais, force est de le reconnaître, les supports électroniques de la mémoire ne sauraient être pérennes, de sorte que l'amnésie nous guette plus que jamais.

L'humanisme ne peut donc espérer relayer le livre grâce au fichier électronique ni miser sur l'informatisation de la mémoire pour garantir à l'humanité la préservation de son identité. C'est à sa manière ce que Peter Sloterdijk veut donner à comprendre lorsqu'il invite ses contemporains à prospecter d'autres voies que celle de l'écrit partagé, pour assurer la coexistence des êtres humains – d'autres voies parmi lesquelles celles d'un posthumanisme : « Les sociétés actuelles sont résolument post-littéraires, post-épistolographiques et en conséquence posthumanistes [1]. »

L'anthropotechnique [2] nouvelle vers laquelle Sloterdijk propose de se tourner aujourd'hui a plutôt suscité le malentendu. Elle voulait au moins expliquer qu'on n'offrira plus aux hommes des repères structurants – des ressources en « apprivoisement » ou en « autodomestication » telles qu'en offraient, selon lui, les œuvres édifiantes

1. Peter Sloterdijk, *Règles pour le parc humain*, *op. cit.* p. 13.

2. « En vérité, l'expression "anthropotechnique" désigne un théorème philosophique et anthropologique de base selon lequel l'homme lui-même est fondamentalement un produit et ne peut donc être compris que si l'on se penche, dans un esprit analytique, sur son mode de production », *in* Peter Sloterdijk, *La Domestication de l'être*, *op. cit.*, p. 18.

constitutives de l'humanisme traditionnel. Ou, à une condition : solliciter les technologies qui sont à notre disposition, au premier rang desquelles les biotechnologies qui ouvrent les perspectives les plus radicales de transformation de la nature humaine. Qui pourrait encore, en effet, envisager de faire abstraction du pouvoir des techniques sur l'orientation des valeurs susceptibles de relayer l'humanisme ?

Mais la fragilité mise en avant par les esprits qui s'inquiètent de la résilience des matériaux informatiques auxquels nous confions notre mémoire, et donc des gages de notre identité, ne préoccupe guère les utopistes du posthumain. Ceux-ci sont en effet déjà convaincus de la défaite de l'humain et, par conséquent, de la dépossession de sa mémoire par les machines. L'informatique triomphante consacre l'apparition de dispositifs techniques autonomes et organise l'interaction de ces dispositifs, sans plus guère d'intervention humaine. Elle externalise certes la mémoire humaine, mais non pas comme le livre qui en préservait l'authenticité et l'accès, mais pour la « traiter », la mobiliser, la transformer et finalement la disperser comme un simple flux – et cela, au moyen de procédures algorithmiques ayant acquis un degré d'autonomie irréversible.

L'usager des technologies dites intelligentes s'accoutume et jouit même de cette dépossession qui le soulage de n'avoir pas à « retenir ». Ce faisant, il opte sans le savoir pour un régime qui implique la rupture de la continuité, laquelle façonnait l'affirmation de son identité. Le posthumain apparaît, là encore, comme disposé à écarter tout ce qui pouvait contribuer à construire délibérément la spécificité humaine. Témoin et bénéficiaire de notre démission devant le pouvoir des machines, il annonce une situation dans laquelle on acceptera d'oublier – non pas pour faire table rase et reconstruire ensuite, mais en se disant que ce qui demeurera, malgré tout, est seul ce qui méritait de survivre.

Le hasard et l'émergence remplacent désormais la volonté caractéristique du temps où l'autonomie des hommes se mesurait au degré de domination exercée par eux sur le monde, grâce à la maîtrise qu'ils s'étaient acquise de ces machines. À cet égard et au risque de l'analogie, ne peut-on pas d'ores et déjà imaginer l'humanité à venir d'après le modèle de fonctionnement de Google : un moteur de recherche qui sélectionne mécaniquement des sites sur la base de critères de popularité et de fréquentation et qui favorise l'oubli de ce qui ne satisfait pas ces critères ? Qu'on s'habitue à cet oubli et à composer avec lui pour constituer sa mémoire et, avec elle, sa culture, voilà ce qui impose déjà une infranchissable limite aux idéaux humanistes [1]. Une humanité qui restreindrait son identité aux aléas des seuls itinéraires qu'elle aurait parcourus et retenus au cours de son histoire – à l'image de l'internaute auquel on prête une identité numérique sur la base de la navigation à laquelle il se livre sur le Web –, voilà ce qui solderait définitivement les ambitions prométhéennes du genre humain.

1. Barbara Cassin formule une semblable crainte dans *Google-moi. La deuxième mission de l'Amérique*, Albin Michel, 2007.

Le salut grâce aux nanotechnologies

L'humanisme était attaché à une idée substantielle de l'homme – une idée que les philosophes se sont longtemps entêtés à définir en termes d'essence et de dispositions innées. Le posthumanisme s'accommoderait, quant à lui, d'une idée relationnelle, flexible de l'humain. Celle-ci éviterait toute crispation sur la définition de son identité spécifique et permettrait ainsi d'envisager son ouverture au monde des animaux et des machines, jusqu'à sa fusion même avec l'indéterminé que ferait émerger une hybridation des genres et que Kurzweil nomme « la Singularité ».

Évoquant dans le chapitre 2 la sémantique générale d'Alfred Korzybski qui projetait d'en finir avec le verbe *être* au motif qu'il fige la représentation qu'on se fait de la réalité, j'associais explicitement les utopies posthumaines avec les stratégies de déconstruction des identités closes. Ces « déréifications », si l'on préfère, servent en effet de programme philosophique à quiconque observe le pouvoir dissolvant des technosciences contemporaines. Parmi celles-ci, les nanotechnologies jouent aujourd'hui un rôle central dans la transformation des représentations mentales qui œuvrent en faveur du posthumain. Avant de le montrer, il faut comprendre pourquoi la manipulation et le contrôle individuels des atomes et des molécules, l'intervention technique à l'échelle du nanomètre, se trouvent investis du pouvoir de changer le monde et d'imposer une humanité d'un nouveau type.

Telles qu'elles sont décrites par les visionnaires du posthumain, les nanotechnologies dessinent l'horizon d'une augmentation des pouvoirs de l'humain. On s'attend à ce qu'elles suppriment nos actuelles limitations et rendent obsolète, par conséquent, le système de valeurs qui prévalait jusqu'à présent pour composer avec ces limitations. Pour tout dire, on suppose que les nanotechnologies satisferont le désir paradoxal d'être délivré de l'humanité.

Ainsi, elles supprimeront d'abord la résistance de la matière à laquelle se heurte l'esprit et elles réaliseront, ce faisant, l'objectif des métaphysiques de toujours. Grâce à elles, la passivité fondamentale qui caractérise la finitude humaine, c'est-à-dire le fait que nous soyons contraints de recevoir de l'extérieur notre impulsion, de devoir à un autre (Dieu ou la nature) la source de notre présence au monde – cette passivité disparaîtra. Avec l'éviction de cet extérieur – de ce Non-Moi –, se trouverait satisfaite l'équation de Fichte : Moi = Moi, que Günther Anders considérait comme la formule de l'autonomie dont nous créditerions le monde tellement envié des machines. Dans son livre *Engins de création*, Eric Drexler donne à penser que la faculté d'« arranger les atomes [1] », de les reconfigurer et de les manipuler un par un, nous mettra à hauteur de l'ambition des philosophes de l'idéalisme absolu – celle de Hegel, principalement – qui entendaient en finir avec la finitude humaine.

Le prestige des machines, qui viennent aujourd'hui couronner la mécanisation du vivant associée à l'effort des Temps modernes pour désenchanter le monde, se trouve désormais inscrit dans le scénario d'une démiurgie sans limites. On réalisera en effet, à l'échelle du nanomètre, des machines protéiques – que les généticiens nomment « enzymes de restriction » – capables de couper certaines

1. Eric Drexler, *Engins de création. L'avènement des nanotechnologies*, Vuibert, 2005, p. 3.

séquences d'ADN, d'en coller d'autres, de synthétiser des gènes et de fabriquer ainsi n'importe quel message d'ADN. Soumis à semblable traitement, l'organisme cessera du coup de se prêter à des considérations spiritualistes, vitalistes ou finalistes.

La simplification de l'humain que je décrivais dans le chapitre précédent atteint son paroxysme quand les nanotechnologies sont appliquées à une ingénierie qui devrait permettre à l'homme de devenir le produit de l'homme, sans plus d'emphase. La mécanisation du vivant issu du cartésianisme avait déjà miné les bases de l'humanisme, en tendant à réduire la conscience à la matière et la subjectivité de l'homme à l'illusion produite par un pur processus biologique. Les nanotechnologies parachèvent le travail de sape et n'offrent plus d'autres ressources que celles d'un au-delà de l'humain.

On s'explique que les recherches menées dans ce domaine attirent à elles les spéculations de mouvements transhumanistes. Ceux-ci n'y voient-ils pas, en effet, la promesse de cet au-delà qui verra se multiplier des organismes d'un type nouveau, débarrassés des contraintes biologiques et capables, comme autant de machines à survie, d'accueillir et d'assurer la réplication de gènes optimisés par la technique ? Naissance, maladies et mort sont bel et bien appelées à disparaître et l'homme à changer d'identité. Si l'on ajoute au tableau la perspective, liée également au développement des nanotechnologies, de la mise en réseaux des cerveaux au sein d'une intelligence collective et de super-organismes, on donne figure au fantasme de cette fameuse Singularité propice à la désindividualisation des humains. *Last but not least*, des nanotechnologies certains transhumanistes attendent même le salut de l'univers tout entier qui devrait pouvoir triompher avec elles de la dégradation de l'énergie à laquelle nous voue l'entropie décrite par le second principe de la thermodynamique [1].

Une incontrôlable « convergence »

Ainsi notre époque remet-elle en cause les frontières qui, jusqu'à présent, garantissaient à l'humain sa définition et son identité. La confusion avec l'animal n'effraie plus, depuis longtemps. Il y a déjà presque un quart de siècle, Donna Haraway, dans son *Manifeste cyborg*, s'exprimait ainsi : « Dans la culture scientifique américaine de cette fin du XXe siècle, la frontière qui sépare l'humain de l'animal est presque complètement tombée. Quand ils n'ont pas été transformés en parcs de loisirs, les derniers bastions de la spécificité ont été pollués : ni le langage, ni l'outil, ni le comportement social, ni ce qui se passe dans notre tête ne justifie plus de manière vraiment convaincante la séparation de l'humain et de l'animal. »

1. Voir Eric Drexler, *op. cit.*, pp. 203-204 : « Quand nous aurons développé des nanomachines non polluantes pour exploiter l'énergie solaire et les ressources, la Terre pourra supporter une civilisation bien plus grande et plus riche que toutes celles qui ont existé tout en souffrant moins de son exploitation qu'à l'heure actuelle. » Fort de l'optimisme auquel invitent selon lui les nanotechnologies, Drexler fait état de son opposition radicale au livre de Jeremy Rifkin, *Entropy, A New World View* (New York, Viking Press, 1980), qui rappelle que les limites thermodynamiques sont infranchissables et que d'elles dépend l'avenir de l'humanité. Un courant transhumaniste animé par Max More et nommé « Extropy » s'était donné pour programme jusqu'en 2006 de réfuter la dégradation irréversible de l'énergie admise par les physiciens d'aujourd'hui... Voir le site : www.extropy.org

Outre la solidarité avec l'animal, on sait combien l'indistinction avec les machines est par ailleurs l'argument central de cette intellectuelle très tôt dévouée à la cause d'une culture cyborgienne susceptible, à ses yeux, de nous débarrasser des oppositions et des hiérarchies toujours assujettissantes, en particulier pour les femmes : « Les féministes ont aussi beaucoup à gagner en embrassant explicitement les possibilités inhérentes à la dissolution des différences qui opposent nettement organisme et machine et de toutes celles qui structurent de façon similaire l'identité occidentale [1]. »

En 1985, date de parution du Manifeste de Haraway, il n'était pas encore question des nanotechnologies. Aujourd'hui, l'abolition des frontières et la contestation des identités fermées dont est encore censé souffrir notre monde sont rapportées à une désignation qui apparaît de plus en plus insistante dans l'univers des technosciences : celle de « convergence ». Derrière cette notion, on ne s'étonnera pas de trouver évoqué un vaste programme interdisciplinaire américain axé sur les nanotechnologies. Ce programme me servira ici de fil conducteur pour décrire l'offensive posthumaniste contre l'attachement traditionnel aux repères identitaires, au profit de la mise en synergie de savoirs et de techniques qui impose à la fois la transgression des territoires disciplinaires et la construction d'objets réfractaires aux critères d'identification habituels. Avec lui, annoncent ses acteurs, ce qui était distinct tend à s'assembler pour faire émerger du radicalement nouveau.

---

1. Donna Haraway, *Manifeste cyborg*, *op. cit.*

Sous le nom de « Converging Technology » se développent en effet aux États-Unis des recherches fédérées par le label NBIC, sigle signifiant : nanotechnologies (N), biotechnologies (B), technologies de l'informatique (I) et sciences cognitives (C). Chacune des quatre disciplines impliquées par ces recherches a engagé un processus de dématérialisation ou de « désidentification » de ses objets qui rend d'autant plus saisissante l'abolition des frontières que je veux décrire.

Il n'est plus nécessaire d'insister beaucoup sur les nanotechnologies elles-mêmes. Fer de lance des NBIC, elles s'appliquent à cette dématérialisation des objets et défient encore l'imagination, en nous imposant d'envisager qu'un objet cesse de se laisser appréhender avec nos concepts et catégories traditionnels. Si l'ambition qui est la leur de maîtriser l'invisible nous expose à bien des fantasmes, c'est qu'elle signifie aussi l'avènement d'une vertigineuse immaîtrise : nous ne savons pas exactement ce qui pourrait résulter d'une intervention sur la matière, à l'échelle du nanomètre, qui modifierait la configuration des molécules. C'est pourquoi les esprits inquiets décrivent les chercheurs impliqués dans les programmes nanoscientifiques comme des apprentis sorciers. Dotés du fantastique pouvoir de modifier les conditions initiales des systèmes sur lesquels ils travaillent, ceux-ci se trouvent contraints à espérer seulement que ce qui émergera de leurs manipulations trouvera peut-être son utilité [1].

Le philosophe issu de la tradition occidentale considère que les nanotechnologies annoncent peut-être une

1. Voir Jean-Pierre Dupuy, « Quand les technologies convergeront », in *Futuribles*, n° 300, septembre 2004.

approche de la réalité qui rendra vains les efforts accomplis par les sciences, depuis au moins Aristote, pour classer, ordonner et conceptualiser les objets du monde. L'homme lui-même pourrait y perdre la place qu'il s'était ménagée dans ce monde, ainsi que le suggèrent complaisamment des utopies négatives comme celle que Michael Crichton a décrite en 2002, dans *La Proie*[1].

Quelles frontières pour le vivant ?

Sur le terrain des biotechnologies – faut-il le souligner davantage ? –, la déstructuration des identités a fait son chemin et les idéologues des NBIC ne se privent pas de s'en réjouir. En effet, l'heure est aux manipulations de tous ordres, qu'il s'agisse de celles qu'exigent les Procréations médicalement assistées (les PMA), de celles que laisse envisager le Diagnostic préimplantatoire (le DPI), de celles qu'impliquent les xénogreffes ou les transgenèses nécessaires aux OGM autant qu'aux clonages, ou encore des perspectives ouvertes par le recours aux cellules souches. Toutes ces manipulations sont perçues – à tort ou à raison – comme la transgression de limites naturelles et,

1. Traduit en 2003 aux éditions Robert Laffont, ce livre fait aujourd'hui office du symbole de la démesure des nanotechnologies et de la dépossession de la maîtrise des hommes sur leurs créatures. Il raconte comment des nanorobots d'un milliardième de centimètre ont acquis la dangereuse vertu de se reproduire de manière exponentielle, jusqu'à former des essaims qui attaquent les animaux et les machines et menacent de décimer l'humanité. Le scénario catastrophe, inspiré par les assembleurs moléculaires anticipés par Eric Drexler, illustre la convergence nanotechnologies, biotechnologies et informatique, dont le mélange explosif pourrait faire apparaître nos virus informatiques comme de modestes précurseurs.

par suite, comme la contestation inquiétante ou salutaire de l'intégrité du vivant. En outre, le chapitre précédent a examiné combien le développement de prothèses sophistiquées, permis par l'informatique, et le recours à des matériaux largement issus des nanotechnologies, achève de rendre précaires les frontières entre le vivant et la machine. Quantité d'indices nous persuadent désormais que l'homme bionique ou le cyborg sont déjà parmi nous, et posent naturellement la question de savoir où commence et où s'achève l'humanité en l'homme.

Signe des temps, on a inventé l'incrimination de crime contre l'espèce humaine afin de punir ceux qui réaliseraient des clones, sans s'aviser, semble-t-il, que l'on considérait par là même comme acquis que ces clones, objets du délit, n'appartiendraient pas à notre espèce [1]. Ferons-nous la même chose contre les chirurgiens – les nanochirurgiens – qui implanteront des microdispositifs électroniques dans nos anatomies ? Crimes contre l'identité, contre le propre de l'homme ? Comment jugera-t-on ?

Mais déjà, dans le domaine de la biologie moléculaire, un certain nombre de certitudes se sont dissipées : on aurait voulu définir l'homme par son génome et l'on découvre que la frontière avec celui des chimpanzés est très ténue (2 % ou 1 %). On a beau vouloir se rassurer en arguant du fait que cette minuscule différence représente sans doute le pourcentage qui supporte l'aptitude humaine à la perfectibilité et donc à la culture et à l'histoire, l'imagination reste frappée par une proximité perçue par les uns comme humi-

1. Cf. Philippe Descamps, *Le Crime contre l'espèce humaine. Enfants clonés, enfants damnés*, Les Empêcheurs de penser en rond, 2004. Voir ci-dessus, Introduction p. 21.

liante, par les autres comme prometteuse. Certaines maladies (dont la grippe aviaire) nous révèlent par ailleurs que les barrières interspécifiques peuvent être franchies et que notre sort risque de basculer du fait d'une insignifiante mutation génétique. On découvre aussi que les chercheurs avouent savoir de moins en moins de quoi l'on parle quand on invoque le gène ; le déterminisme génétique devient une légende, au fur et à mesure que l'on découvre la part jouée par l'environnement dans l'ontogenèse et celle assurée par l'épigenèse dans l'expression des gènes. L'immunologiste Jean-Claude Ameisen le disait récemment : « Il n'y a pas le plus souvent de chaîne de causalité simple et unidirectionnelle qui mène d'un gène à une protéine, d'un gène à une fonction, ni à plus forte raison d'un gène au comportement d'une personne. » Et il ajoutait : « Ce qui est pré-écrit dans nos gènes – si tant est qu'on puisse employer ce mot – ce n'est pas notre identité ni notre avenir, ce sont des possibilités et des contraintes dont l'actualisation dépend en permanence de notre histoire et de notre environnement[1]. »

Plus grave encore, on découvre combien il est sans doute arbitraire de parler d'espèce, en vertu même de la leçon de Darwin qui aurait dû nous débarrasser de cet archaïsme issu d'Aristote. En effet, seuls les individus sont soumis à la sélection naturelle et les espèces, quant à elles, ne traduisent que des principes de classification toujours datés et éventuellement obsolètes, de toute façon sans fondement ontologique. Là où nous mettions le plus de certitude – la définition des espèces – s'introduit le soupçon. Le livre de

1. Dans le numéro de décembre 2006 de la revue *Pour la science* consacré aux « Frontières floues ».

Pierre Sonigo et Jean-Jacques Kupiec, *Ni Dieu ni gène* [1], a enfoncé le clou, il y a déjà plusieurs années, et le généticien Philippe Lherminier prolongeait récemment son argument [2] : « *Espèce* est de ces mots, tels que force ou matière, que tout le monde comprend et dont on ne cesse de donner des définitions qui jamais ne conviennent. Ils appartiennent à ces couches archaïques de notre pensée par lesquelles nous percevons et ordonnons spontanément le monde. » Des couches archaïques, ajouterais-je, que l'on peut vouloir refouler parce qu'elles sont des facteurs d'inertie pour l'accroissement des connaissances. Dans le domaine des sciences sociales, les études dites de genre (les *Gender Studies*) avalisent avec optimisme la survenue de cette indéfinition des catégories issues d'une prétendue classification naturelle (celle des sexes, au premier chef), et l'on a déjà rencontré ici les propos enthousiastes de Donna Haraway. Dans le même sens, le succès actuel des travaux de Judith Butler viendra encore témoigner du fait que le mouvement de contestation des frontières jadis considérées comme ontologiques ne fait vraisemblablement que commencer [3].

Bref, sur le terrain de la biologie et des biotechnologies, deuxième composante du programme NBIC, l'heure est au métissage ou à l'hybridation des ordres du vivant, un métissage et une hybridation sources d'inquiétude ou d'exaltation mais qui font, de toute façon, le lit des spécu-

1. Pierre Sonigo et Jean-Jacques Kupiec, *Ni Dieu ni gène. Pour une autre théorie de l'hérédité*, Seuil, 2000. Lire aussi Jean-Jacques Kupiec, *L'Origine des individus*, Fayard, 2008.

2. Dans le même numéro de *Pour la science*.

3. Voir Judith Butler, *Trouble dans le genre*, préface d'Éric Fassin, traduction de Cynthia Kraus, La Découverte, 2005.

lations posthumaines autour d'une triple accentuation : l'animalisation de l'homme qui doit compter avec sa parenté génomique avec les animaux, l'humanisation de l'animal auquel il ne manque plus que la parole, ainsi qu'on l'évoquera bientôt, mais aussi la mécanisation du vivant tout entier... Les identités sont bel et bien à la dérive.

Fin du privilège de la conscience

Réservons pour la fin l'examen de la manière dont l'informatique, troisième initiale dans le sigle NBIC, intervient pour ajouter à la dissolution des réalités sur lesquelles nous stabilisions traditionnellement notre monde. Examinons pour l'heure la convergence « sciences cognitives ». On sait que l'on désigne, sous ce nom, la nébuleuse de disciplines qui s'organisent, dans les années d'après guerre, autour de quelques questions générales et fédératrices : qu'est-ce que l'intelligence, à quoi la reconnaît-on, peut-on la simuler, est-elle le propre de l'homme, suppose-t-elle une conscience ?... Aujourd'hui, ces sciences ont atteint leur maturité et déplacé leur centre de gravité de l'informatique et de la cybernétique, qui les avaient impulsées, vers les neurosciences dont on attend l'essentiel des réponses. Ce qui les rend particulièrement pertinentes dans le cadre de ce chapitre, c'est l'impact qu'elles ont pu avoir dès le début sur une question philosophique fondamentale : celle de la conscience et de l'identité personnelle. Disons tout de suite qu'elles n'ont pas simplifié les choses, en rendant problématique le fait qu'on puisse s'attribuer un « je », auteur de ses actions et de ses pensées – un « je » dont seraient privés les animaux et qu'aucune machine ne pourrait reproduire.

Avec Descartes, on évoluait dans un espace de certitudes : le Cogito et la possession du langage nous garantissaient notre spécificité. Nous n'étions ni des animaux ni des machines. Et pourtant... Je n'évoquerai pas ici les débats ouverts par Descartes : le statut ambigu de ce dualisme âme-corps, que La Mettrie (1709-1751) réfutera en proclamant que l'homme n'est rien d'autre qu'une machine issue d'une matière auto-organisatrice ; la discussion avec ceux qu'on nommera les « continuistes », inspirés notamment par Montaigne, parce qu'ils veulent réintégrer l'homme dans le continuum naturel et qu'ils émettent pour ce motif l'hypothèse d'un langage animal, anticipant ainsi les découvertes actuelles sur les cultures animales... Tous ces débats mériteraient qu'on s'y attache. Je retiendrai seulement de la postérité cartésienne l'apport du philosophe écossais David Hume (1711-1776). Sur la base d'une théorie définissant la connaissance comme le résultat de l'association et de l'organisation d'impressions sensorielles, il a soutenu la thèse selon laquelle notre sentiment d'identité ne serait qu'une fiction, une sorte de scène de théâtre sur laquelle défilent des perceptions toujours en mouvement et auxquelles nous prêtons après coup une illusoire stabilité.

« Il y a certains philosophes, écrit Hume, qui imaginent que nous avons à tout moment la conscience intime de ce que nous appelons notre *moi* ; que nous sentons son existence et sa continuité d'existence ; et que nous sommes certains, plus que par l'évidence d'une démonstration, de son identité et de sa simplicité parfaite. [...] Malheureusement toutes ces affirmations positives sont contraires à l'expérience elle-même, qu'on invoque en leur faveur ; et nous n'avons aucune idée du *moi* à la manière qu'on vient d'expliquer ici. » Et Hume de conclure : « L'esprit est une sorte de théâtre où diverses perceptions font successivement leur apparition ; elles passent et repassent, glissent sans arrêt et se mêlent en une infinie variété de conditions et de situations [1]. » On peut imaginer combien cette thèse philosophique bouleverse les préjugés enclins à accorder à l'humain le privilège d'une conscience.

De nos jours, un grand nombre de théoriciens des sciences cognitives reprennent cette analyse ruineuse pour le sentiment d'identité personnelle. Le voilà donc réduit à l'étrange vertu de notre appareil cognitif de pouvoir s'inventer quelque chose comme un « centre de gravité narratif » (Daniel Dennett) afin de construire fictivement son unité et donc, aussi, son identité. Parmi les cognitivistes, j'accorderai une mention spéciale, justement, à Daniel Dennett qui considère que tous les organismes cèdent à une semblable invention pour se protéger ; tous les organismes créent en effet une frontière entre eux et le reste du monde. Même la plus simple amibe le fait, de façon aveugle et sans connaissance.

Daniel Dennett n'hésite pas à invoquer chez tout vivant la présence d'un « moi biologique » résultant de cette propension élémentaire à distinguer le moi de l'autre. C'est, selon lui, le fondement du sentiment d'identité personnelle, dont des psychologues ont montré, notamment à travers l'expérience du dégoût, combien il est ancré en nous. Il l'est avant même la constitution plus élaborée de ce que Dennett appelle « l'ego égoïque » qui se surajoute chez les espèces évoluées

1. David Hume, *Traité de la nature humaine*, Livre I, IVe partie, section 6, Aubier-Montaigne, 1973 [1739], pp. 342-344.

au simple « moi biologique ». Il arrive à Daniel Dennett de recourir à une plaisante expérience de pensée pour montrer l'arbitraire de ce sentiment d'identité personnelle que les cartésiens considéraient comme évident et fondamental, une expérience qui concerne précisément l'expérience du dégoût que je viens de mentionner : « Pourriez-vous, s'il vous plaît, avaler votre salive en ce moment précis ? demande à son auditoire le facétieux Dennett. Cet acte ne vous remplit pas de répulsion. Mais supposons que je vous demande d'aller chercher un verre propre, de cracher dedans puis d'avaler la salive du verre. Non, personne n'a envie de le faire. Mais pourquoi ? Cela semble dû au vague sentiment qu'une fois que quelque chose est en dehors de notre corps, il ne fait plus partie de nous – il devient étranger et suspect –, il a renoncé à sa citoyenneté et devient quelque chose à rejeter. Il ne peut pas rentrer dans sa nation. Il ne peut y avoir d'explication rationnelle pour cette antipathie profonde que nous ressentons[1]. »

Le philosophe Paul Ricœur a également soutenu cette idée que le « Soi », dont nous nous prévalons en tant que sujet de nos actions, admet une part de contingence. Il est le produit de l'histoire que nous nous racontons à nous-mêmes sur nous-mêmes et puise à la mémoire de ce que nous avons été. Ricœur est sans doute le philosophe contemporain qui a le plus explicitement mis en relation la mémoire, la narration et la construction du Soi. Les considérations qui ont ouvert le présent chapitre et qui associent le posthumain au brouillage des repères mnésiques gagneraient

1. Voir Daniel Dennett, « Comment nous tissons notre moi », in *Mécanismes mentaux, mécanismes sociaux. De la psychose à la panique*, sous la direction de Jean-Pierre Dupuy et Henri Grivois, La Découverte, 1995.

à solliciter ses analyses. En tout cas, les positions favorables à l'idée que l'identité est toujours de l'ordre de la fiction consacrent la défaite des philosophies substantialistes héritées de Platon, Aristote ou Descartes qui auraient voulu qu'elle soit donnée à l'homme, au titre d'un attribut spécifique.

Nul doute qu'en ruinant le fondement de la subjectivité, les sciences cognitives bousculent de proche en proche tout ce à quoi nous subordonnions jusqu'à présent les privilèges de l'homme. Avec elles et dans la tradition des « continuistes », on parlera d'un « langage de la pensée », exempt des fonctions phonatoires seulement présentes chez les hommes et donc attribuable aux animaux ; on utilisera les observations des éthologues et des neurobiologistes pour attester une activité cognitive chez les fourmis, les bonobos ou les chimpanzés – une activité dont nous pourrions même, à en croire certains, calquer la sagesse ; on repérera de la cognition dans les réactions de l'amibe à son environnement et même dans le comportement héliotropique des végétaux ; on encouragera les roboticiens à mettre au point des dispositifs réflexifs dans leurs machines, au motif que la conscience n'est que « la capacité pour un organisme à jeter un regard sur lui-même » et que cette capacité n'est elle-même rien d'autre que le produit de boucles de rétroaction tout à fait réalisables avec des moteurs d'inférence sophistiqués…

Bref, ce qui est capital, c'est que ce vaste champ de recherches nous invite à percevoir des degrés là où l'on avait imposé des frontières. Et c'est là précisément que la question de l'identité menace de devenir insoluble : s'il n'y a plus de différence de nature entre l'homme, l'animal et la machine, mais de simples différences de degré entre des organisations plus ou moins complexes – et si l'intelligence est susceptible d'habiter peu ou prou chacun des niveaux de ces organisations –, alors l'affirmation d'une identité qui séparerait le *même* d'un *autre* apparaîtra arbitraire et violente. Sans doute devrions-nous, sachant cela, nous en remettre à la sagesse des bouddhistes qui sont convaincus de l'unité du Grand Tout et de la vanité des préjugés par lesquels nous nous prêtons une individualité irréductible.

Mystique de l'informatique et religion de la nature

Formulant cette dernière remarque, qui fait écho à la fascination pour les spiritualités orientales que nous avons déjà rencontrée chez certains visionnaires du posthumanisme, j'aborde à présent la dernière convergence du programme NBIC, c'est-à-dire les technologies d'informatique et de communication. On sait combien ces technologies sont volontiers présentées comme dématérialisantes et, pour cette raison, propices aux intérêts de l'esprit – ou, du moins, aux activités cognitives : elles consacrent, dit-on, le triomphe du flux sur les objets. Plus elles envahissent notre espace, plus elles le virtualisent. L'abolition des frontières est typiquement de leur ressort. L'adage s'est imposé depuis longtemps : l'électronique ne se laisse pas arrêter par les barrières douanières ni par les revendications identitaires. Elle pénètre partout. Ainsi prend-on de plus en plus la mesure du bouleversement provoqué par l'extension d'Internet, non seulement sur l'organisation de nos échanges à l'échelle du monde mais aussi sur nos façons de penser et de nous comporter les uns par rapport aux autres.

Sans entrer dans le détail, et pour faire suite à l'évocation des sciences cognitives, je prendrais de nouveau à témoin le constat formulé par quelques technophiles avertis : désormais, disent-ils, nous pouvons éprouver notre solidarité à l'échelle de la planète. Grâce à Internet et à la connexion de nos ordinateurs, nous avons écrasé l'espace et le temps et réalisé une proximité qui rend pensable la fusion ; nous sommes devenus de simples neurones de la planète Terre, sans plus de consistance que celle d'un commutateur qui n'existe que parce qu'il laisse passer du courant, de l'influx ; nous n'existons plus que dans le passage... Tous ces discours sont désormais connus et n'éveillent plus de réactions scandalisées. Dans le meilleur des cas, ils conspirent à dégager les motifs d'une sagesse de l'avenir – une sagesse nimbée de religiosité, assurément, puisqu'elle doit nous assurer le lien universel.

Cette sagesse invoque justement, à titre de préceptes, les trois vertus cardinales de la vulgate bouddhiste : la découverte de l'interdépendance, éprouvée dans le cyberespace grâce à l'interconnexion de nos ordinateurs, celle de l'impermanence, du fait du caractère éphémère et volatile de nos échanges, et celle enfin de la vacuité du moi, puisque la réduction à l'état de simples neurones de la planète nous rend interchangeables et toujours remplaçables.

L'euphorie générée chez certains par « la culture Internet », selon l'expression de Philippe Breton, traduit l'empressement à en finir avec les résistances opposées par les affirmations d'identité. Dans le journal *Le Monde* du 27 janvier 2007, le philosophe slovène Slavoj Zizek ironisait à propos de cette euphorie et il comparait la cyberidentité dont se prévalent les internautes au café décaféiné, c'est-à-dire privé de sa substance. Rien d'étonnant que l'on inscrive facilement l'enthousiasme des militants du cyberespace dans le fil des annonces tonitruantes de certains penseurs des années 1960-1970. Ne déclaraient-ils pas obsolète toute philosophie fondée sur l'affirmation d'un sujet doté de la certitude de son existence ? Deleuze annonçait le triomphe des intensités et de l'éphémère, Derrida s'attachait à déconstruire les oppositions figées par la tradition métaphysique, Foucault révélait la prochaine mort de l'homme et Lévi-Strauss réclamait que les sciences humaines achèvent de le dissoudre dans la nature…

J'ai déjà suggéré en passant que cette sagesse prompte à réclamer la dilution de soi et la fin de l'opposition du Soi et du Non-Soi fait évidemment cause commune avec celle des écologistes qu'on dit « profonds ». J'ai aussi souligné la propension de ceux-ci à vouloir définir leurs congénères comme autant de « créatures » et d'animaux, dotés de pulsions et d'un fonctionnement désormais bien connu grâce à la neurobiologie : pulsions sexuelles, instincts de territoire et de hiérarchie ; fonctionnement à l'adrénaline, à la dopamine ou à l'ocytocine… Cette animalisation de l'homme, jubilatoirement rappelée par ces écologistes, est prétexte à substituer à l'anthropocentrisme un écocentrisme en phase avec l'idéologie de l'*infosphère* qui réduit notre appartenance à l'humanité à l'immersion dans le milieu englobant constitué par les réseaux numériques.

Le posthumain se décline invariablement sur le front d'un refus à identifier en l'homme un acteur encore susceptible d'affronter l'adversité, fût-elle celle de la nature ou de la technique. Rien d'étonnant si l'invitation (approximativement) taoïste au « Wu-Wei » (le *laisser-être* ou le *lâcher-prise*) fait si souvent office d'antidote aux prétendues illusions volontaristes dont furent issus les idéaux humanistes. Refusant cette invitation et, avec elle, la fatigue d'être soi qu'elle conforte, comment reprendre barre sur le monde que nous avons construit et qui nous exclut de plus en plus ? Viendra peut-être un jour où l'acte subversif majeur consistera en un appel à la déconnexion généralisée et à la mobilisation contre la tyrannie numérique. Dans le même temps, on n'évitera pas d'affronter la métaphysique de la mère nature qui conspire, sous couvert de sauvegarder la planète, à neutraliser l'humanité, quand ce n'est pas à vouloir s'en débarrasser.

L'écologie mise en effet sur la dissipation des frontières pour faire passer un message à teneur religieuse : il faut briser la créature arrogante que nous sommes, pour la révéler soumise à des déterminismes auxquels elle ne se résout pas et dont la résistance explique les désordres dans lesquels nous sommes plongés. Eux seuls justifieraient que notre nature prédatrice soit brimée d'une manière ou d'une autre. Concluant son livre consacré à l'avènement de « l'homme symbiotique », ce « neurone de la Terre » qu'annoncent les technologies bioélectroniques les plus sophistiquées, Joël de Rosnay en appelait à « l'art de la subsomption » pour transmettre un semblable message : découvrir enfin qu'il n'est de sagesse que dans l'abandon de soi à l'universel qui nous englobe.

« Plutôt que nous penser enfermés dans des emboîtements successifs au sein de structures pyramidales, écrit Joël de Rosnay, le principe de subsomption nous permet de nous représenter comme intégrés, sans nous y perdre, dans un plus grand que nous [1]. » L'écosystème naturel

1. Joël de Rosnay, *L'Homme symbiotique*, Seuil, p. 188. Tout pénétré qu'il soit de la nécessité de rompre avec l'anthropocentrisme traditionnel en Occident, Joël de Rosnay n'en est pas moins convaincu de militer pour une morale humaniste : « Promouvoir et respecter l'œuvre originale, valoriser la différence, s'ouvrir à la création de l'autre, contribuer à la production d'un

(Gaïa) et l'écosystème artificiel (le Cybionte) ont, semble-t-il, associé leur destin. Celui-ci a surtout besoin pour s'accomplir du retrait des hommes ou, du moins, que l'humanité consente à aller au-delà d'elle-même. En d'autres termes, qu'elle s'ouvre à ce qui la dépasse [1]. Le regain de crédibilité acquise par les transcendances, sous quelle que forme qu'elles se présentent – Nature, divinité, point Oméga, Singularité... – ne s'explique peut-être pas autrement.

La mobilité du vivant

Au moment d'achever l'évocation du pouvoir des NBIC à rassembler les arguments en faveur d'une semblable ouverture aux transcendances, les raisons qui attirent les mouvements transhumanistes vers les nanotechnologies ne paraîtront plus étranges : en brisant l'enfermement de l'homme sur lui-même, en le contraignant à renoncer à

---

plus grand que soi sans contrainte idéologique ou religieuse, tel est le socle sur lequel me paraissent reposer les bases d'une telle morale humaniste de l'avenir » (p. 323). Reconnaissons qu'il implique ici une version de l'humanisme assez conforme à l'esprit de la Renaissance, mais en déphasage avec celle que les Temps modernes, d'esprit plus résolument prométhéen, ont privilégiée.

1. Dans *Humanité 2.0. La bible du changement*, Ray Kurzweil est également prodigue de recommandations en faveur d'« une nouvelle religion » : « L'un des rôles les plus importants de la religion, écrit-il, était de rationaliser la mort, puisque jusqu'à maintenant il n'y avait rien de concret que nous puissions faire pour y échapper » (p. 401). On comprend à lire la suite du propos que cette religion héritera des préceptes moraux traditionnels mais qu'elle n'aura plus besoin d'autre dieu que celui que fera émerger la Singularité : « Une fois que nous aurons saturé la matière et l'énergie de l'univers avec l'intelligence, il se "réveillera", sera conscient et sublimement intelligent. C'est ce qui se rapproche le plus d'un dieu à mes yeux » (p. 402).

l'identité dont il se prévalait comme d'un privilège métaphysique, ces technologies contribuent à « rehausser ses capacités » et donc à le conduire à se surpasser. De là à conclure à une prochaine fusion avec la machine, à l'expansion de la longévité et à une artificialisation achevée de l'intelligence, il n'y a qu'un pas que franchissent allégrement un nombre croissant de visionnaires du posthumain, parmi lesquels des scientifiques souvent respectés. La convergence technologique, qui vient à bout des critères disciplinaires traditionnels, milite bel et bien pour une relève de l'espèce humaine, pour l'avènement de ce radicalement nouveau et imprévisible que le monde *high-tech* a baptisé, après Kurzweil et quelques autres, « la Singularité ».

Mais d'où vient que les scientifiques, quand ils ne s'y rallient pas, n'opposent guère de résistance aux fantasmes qui entourent cette convergence technologique ? Serait-ce qu'ils sont aussi victimes de cette mésestime de soi qui rend vulnérable et réceptif aux promesses d'une transfiguration de l'humain ? On attend encore le sursaut rationaliste qui pourrait dénoncer l'idéologie posthumaniste comme un pur dévoiement de recherches en réalité exemptes de toute dimension métaphysique. Il arrive que des physiciens impliqués dans les nanosciences récusent comme pures fantaisies les assembleurs moléculaires imaginés par Drexler, le téléchargement du cerveau humain annoncé par Kurzweil… ou qu'ils se débarrassent d'un revers de manche des inquiétudes éthiques issues des manipulations de l'atome auxquelles ils recourent. Mais il s'agit, de leur part, d'une fin de non-recevoir opposée aux fantasmes générés par la tentative de maîtriser l'invisible. Et assez peu d'une explication épistémologique avec les extrapolations auxquelles donne lieu le sentiment que la science d'aujourd'hui quitte les voies offertes par celle de Galilée et de Descartes.

D'où vient que nous soyons ballottés entre le sentiment d'une démesure technoscientifique et la perplexité éveillée par le silence des scientifiques dont on sollicite les résultats ? Parmi les réponses permises, je privilégierais celle-ci que donnait parfois le prix Nobel de chimie Ilya Prigogine (1917-2003) : la science d'aujourd'hui est en rupture avec celle d'hier, et les problèmes qu'elle affronte nous imposent de reconsidérer ce que nous avions rejeté comme irrationnel. Cette science, qui appelle « une nouvelle alliance » avec l'univers, est plus préoccupée que jamais par les mécanismes de *devenir*, alors que, traditionnellement, elle s'attachait surtout à l'*être*. Le monde de Newton fonctionnait comme une horloge, à l'image du monde supralunaire dont les Anciens s'étaient fait un modèle. Le temps n'avait aucune efficacité sur lui. Avec la thermodynamique, essentiellement, on a découvert la flèche du temps, son irréversibilité, et le devenir des choses s'est imposé comme une préoccupation essentielle. D'où le fait que les identités définissant les objets apparaissent comme des obstacles épistémologiques. D'où la faveur qu'on donne aux processus et le refus des substantialismes de toutes sortes. D'où une certaine recevabilité des arguments déployés par les utopistes du posthumain.

C'est une réponse qui se défend, et qu'on pourrait encore étayer sur le fait que la biologie a pris sa revanche sur la physique, dans le contexte scientifique contemporain, et que l'idée de vie facilite forcément une approche des objets du monde en termes de processus. Qu'on songe, par exemple, à l'impact des travaux sur le suicide cellulaire

– techniquement nommé « apoptose » – qui montrent de façon saisissante comment le vivant ne doit son identité organique qu'au fait qu'il est en perpétuels réorganisation et renouvellement. Si le suicide cellulaire se dérègle, a-t-on pu montrer, alors survient la mort par prolifération de ce qui refuse de mourir (les tumeurs cancéreuses) ou par extinction de ce qui devrait vivre (les neurones dans les maladies dégénératives).

L'identité du vivant est un processus continu d'individuation, comme l'avait bien vu Gilbert Simondon : « Pour rendre compte du vivant, disait-il, il faut remplacer la notion d'équilibre stable par celle d'équilibre métastable, et celle de forme par celle d'information. » On découvre ainsi que l'identité du vivant est au prix de la mobilité, ce que Henri Atlan formule magnifiquement : « Le seul projet reconnaissable dans les organismes vivants, comme dans tous les systèmes physiques, est celui du retour à l'équilibre, c'est-à-dire la mort. Tout le reste, c'est-à-dire l'organisation, la croissance, le développement, l'apprentissage et la reproduction invariante elle-même, ne sont pas de l'ordre du projet, mais au contraire des perturbations aléatoires qui heureusement le contrarient [1]. » Reste que cette dynamique propre au vivant, qui le voue à une salutaire indétermination, constitue un argument en faveur de ceux qui s'essaient à la stimuler, sans projet arrêté mais au risque de faire émerger l'impensable.

Le développement des sciences défait les identités et ce faisant, compromet l'impression de sécurité qu'elles ont

1. Cité par Jean-Claude Ameisen dans *La Sculpture du vivant*, Seuil, coll. « Points », 2003, p. 351.

longtemps entretenue. Il n'est pas surprenant que les chercheurs du programme NBIC attirent aujourd'hui à eux les théoriciens de la complexité qui défendent une conception systémique du monde telle que les objets y soient déréifiés et agencés en hiérarchies enchevêtrées. Neil Gershenfeld, un professeur du MIT, directeur d'un programme au nom fort évocateur : *Things that think* (« Les choses qui pensent »), décrit une semblable conception et la met au service d'une visée bien propre à séduire les transhumanistes : « L'organisation de la vie a été définie par sa connectivité : atomes formant des molécules, molécules formant des cellules, cellules formant des organes, organes formant des créatures, créatures formant des familles, familles formant des communautés. Chaque niveau est compris comme une étape du développement de la vie. Si nous pouvions grâce aux capacités de calcul faire en sorte que les communautés soient reliées en temps réel, nous introduirions un niveau supplémentaire au sein de l'espèce humaine qui rendrait difficile la définition précise d'un être humain. Cela élargirait notre manière d'opérer en tant qu'espèce vivante. La vie artificielle peut réellement être pensée comme une étape supplémentaire dans le cours de l'évolution [1]. »

Annonçant cette « étape supplémentaire » que permettraient les « capacités de calcul », Gershenfeld révèle combien est insistant le projet d'en finir avec l'être humain, de le déborder en quelque sorte grâce aux technosciences qui déconstruisent les identités fermées. L'obstination à y parvenir n'est pas moindre que celle des « écologistes

1. Propos tenus dans le livre d'entretiens réunis par Réda Benkirane, *La Complexité, vertiges et promesses. Entretiens*, Le Pommier, 2006, p. 63.

profonds » à nous convaincre de partager la vision holistique d'une nature dans laquelle tout procède de l'interaction des mêmes constituants, sans qu'il soit permis d'accorder quelque privilège que ce soit à l'homme.

Encouragée par une disposition de plus en plus marquée chez les scientifiques à substituer la continuité des phénomènes à la représentation d'un monde peuplé d'entités séparées, la question des identités (naturelles et sociales) ne saurait plus se poser autrement que comme un préjugé substantialiste à dissoudre. Il n'en faut guère plus pour justifier les anticipations posthumanistes.

7.

LE CULTE DE L'ÉMERGENCE

« La question fondamentale n'est pas de savoir si les machines pensent, mais si les hommes pensent. Le mystère qui entoure une machine pensante entoure déjà l'homme pensant. » C'est le psychologue Burrhus Frederic Skinner, fondateur de la science du comportement dite « behaviorisme », qui énonce ce qui n'est pas, selon lui, une boutade, mais un constat désormais admis par quiconque prend au sérieux l'échec des tentatives pour préserver à l'homme son privilège et sa spécificité. N'en déplaise, en effet, aux naïfs qui voudraient encore objecter l'existence de l'âme ou de l'esprit au réductionnisme des scientifiques prompts à s'en débarrasser : de l'homme, nous ne pouvons connaître que ce qu'il fait et cela se laisse décrire par référence à une psychologie qui vaut aussi bien pour l'animal que pour le robot et qui étudie dans chaque cas des comportements gouvernés par des règles ou bien modelés par les contingences d'un environnement. De « l'homme intérieur », selon l'expression inventée par Platon pour désigner ce qui en nous serait soumis à « l'élément divin [1] », nous pouvons bien nous défaire. « Puisque les événements mentaux ou psychiques ne se prêtent pas aux mesures de la physique, expliquait Skinner, nous avons une raison de plus pour les rejeter. » Seul nous renseigne sur nous-mêmes ce qui s'exprime en surface, par nos faits et gestes. C'est bien pourquoi la machine qui nous ressemble et dont nous possédons les clés de fonctionnement est instructive pour la connaissance de soi.

Skinner ne doute pas que les automates se comportent en fait comme des hommes : « Ils détectent, identifient, classent des *stimuli*. Ils stockent et réactivent l'information. Ils apprennent et enseignent. Ils résolvent des problèmes et jouent. Ils se comportent comme des membres d'un système social, dont les autres membres, selon les cas, sont ou ne sont pas des machines. Nous les traitons comme des hommes, nous leur donnons des instructions, leur posons des questions et écoutons leurs réponses. Nous faisons même ce qu'ils nous disent de faire. Ils sont certainement presque humains, et puisque nous savons pourquoi ils se comportent comme ils font, que nous faut-il de plus pour savoir ce qu'est l'Esprit [2] ? » Redoutable charge contre les illusions de l'humanisme, auxquelles les sciences cognitives entendent bien achever de régler leur compte.

À ceux qui voudraient que l'intelligence de l'homme ne se réduise pas à de simples règles algorithmiques, telles que

1. Platon, *La République*, Livre IX, 588d.

2. Burrhus Frederic Skinner, *L'Analyse expérimentale du comportement*, Charles Dessart éditeur, 1971, pp. 368-369.

n'importe quel mécanisme serait capable de les reproduire et de les observer, les cogniticiens répondent aujourd'hui que l'intuition elle-même, qui paraît échapper à tout mécanisme, traduit sans doute aussi de semblables règles, même si nous n'en avons évidemment pas conscience. Après tout, l'homme ne résout-il pas souvent des problèmes sans savoir comment il les résout, à la manière des machines que nous perfectionnons tant et plus ?

Le mythe de l'intériorité

L'argument selon lequel la machine n'aurait pas conscience de ce qu'elle fait ni n'éprouverait de sentiments se révèle bien fragile, si l'on songe aux difficultés dans lesquelles se débattent les philosophes quand ils doivent expliquer ce que le sens commun veut dire en soutenant qu'un homme est par définition conscient et doté d'une sensibilité. Même chose, sans aucun doute, lorsqu'il s'agit de plaider en faveur de son prétendu libre arbitre. Appliquée à l'humain, aucune science n'ose plus maintenir cette fiction, et le behaviorisme de Skinner, sur ce point, n'a pas plus d'états d'âme que la biologie ou la physique : l'homme est déterminé par les contraintes biologiques de son espèce et par les aléas de son histoire individuelle.

La seule possibilité de préserver sa conviction d'être détenteur d'un libre arbitre consisterait pour lui à ignorer la leçon des sciences qui lui ôterait cette illusion. Le psychologue, qui étudie les conditionnements auxquels nous réagissons, a une manière bien à lui de le dire : « Tout comportement humain, y compris celui des machines que l'homme fabrique pour agir à sa place, doit finalement s'expliquer en termes de contingences phylogénétiques de survie qui produisirent l'homme en tant qu'espèce, et de contingences de renforcement, contingences ontogénétiques qui l'ont produit en tant qu'individu [1]. » Autrement dit, nous sommes le pur produit des caractéristiques de notre espèce ainsi que des circonstances qui nous ont façonnés. Le reste n'est que préjugé philosophique. Devenue un pur mythe, l'intériorité échoue évidemment à poser le problème éthique de la responsabilité avec laquelle on l'a historiquement associée. Pas plus que la machine devenue autonome n'est responsable, puisqu'elle est construite par l'homme, celui-ci n'est responsable de ce que les contingences ont fait de lui. Cela les loge finalement à la même enseigne...

Cette évocation des thèses de la science du comportement risquerait de paraître superflue ou digressive si elle ne venait après la mise en évidence de la déroute contemporaine du sentiment d'identité et après qu'on a souligné, à plusieurs reprises, la déqualification des valeurs traditionnellement attachées à la personne.

Au risque de paraître brutal, je dirais que la force des arguments développés pour ruiner la cause de l'esprit et réduire la conscience à la simple réflexivité d'un organisme biologique alimente cette mésestime de soi que nous repérons depuis le début de cet ouvrage et dans laquelle nos contemporains, habités ou non par l'attente d'une posthumanité salvatrice, se complaisent. Résister à ces arguments, comme j'y engagerais, nécessiterait non pas qu'on leur oppose des contre-arguments, car sur quels constats scientifiques les étaierait-on ? Eu égard à la

1. *Ibid.*, pp. 382-383.

science, l'esprit et la conscience ont la faiblesse de ne pas se laisser *démontrer*. Ils ne peuvent que *se montrer* à la faveur d'œuvres ou de décisions inattendues, par exemple – des œuvres ou des décisions que ni la machine ni l'animal ne sauraient leur disputer. Après l'avoir tenté, le behavioriste le plus convaincu, le neurobiologiste le plus fanatique ne s'aventureraient plus à réduire Proust ou Mozart aux réactions d'une boîte noire ou à l'état de leurs neurones. Ils concèdent qu'une condition nécessaire (le système nerveux ou le cerveau, par exemple) n'est pas, en l'occurrence, une condition suffisante quand il s'agit d'expliquer ce qui est essentiel à l'homme, à savoir : sa vocation à incarner des valeurs susceptibles de changer le monde. Reste à vouloir continuer, il est vrai, à assumer semblable vocation.

L'abdication de soi

Mais, on peut le déplorer, le behaviorisme est devenu à plus d'un égard une orthodoxie dans les sociétés technologisées et il justifie bon nombre des situations qui instrumentalisent l'humain et réduisent les rapports sociaux à des interactions mécaniques. J'ai déjà évoqué les modèles de sagesse auxquels on convie parfois les internautes ravalés à la condition de simples neurones interconnectés au sein du cerveau planétaire. Encore une fois, faut-il être fatigué d'être soi pour consentir humblement à l'ascendant « des machines ou, explique Paul Idatte, si ce terme à bon droit nous choque, des systèmes cybernétiques dont la fonction est précisément de transmuer, silencieusement, le passé en avenir, notre passé en notre avenir, pour n'en faire qu'un [1] » ? Mécanisée, l'histoire de l'homme est en effet appelée à se figer, à conjurer ainsi les événements qui la relanceraient, et l'on voudrait que cela lui tienne lieu d'accession à la sagesse ! Qu'ils soient alarmants ou dérisoires, les symptômes de ce consentement à en finir avec soi, de cette abdication de soi, sous couvert des savoirs et des technologies actuels, sont nombreux. Dérisoire, par exemple, mais tout de même inquiétant, le fait devenu tellement quotidien qu'on accepte aujourd'hui d'être livrés à des automates téléphoniques, programmés pour réagir à quelques mots-clés, ou qu'on s'imagine dialoguer avec quelques opérateurs chargés, depuis de lointains centres d'appels, de débiter mécaniquement un discours stéréotypé.

L'efficacité du pseudo-dialogue qu'on impose à l'humain tient évidemment à sa docilité et à son renoncement aux formes de la conversation ou de l'humour dans lesquelles il pourrait être encore tenté de revendiquer son humanité. Pour obtenir de la machine le service qu'on en attend, chacun sait à présent qu'il vaut mieux jouer soi-même à la machine. De là à en conclure que les relations humaines sont mieux « gérées » lorsqu'elles obéissent aux formats que la technique requiert, il n'y a qu'un pas…

Autre exemple, moins anecdotique et plutôt alarmant : l'annonce des perspectives offertes à la sexualité d'un nombre croissant de nos contemporains de satisfaire bientôt celle-ci à l'aide de robots androïdes prêts à toutes les fantaisies. « Avoir des relations sexuelles avec un robot sera bientôt possible. À moins que notre vie érotique, *via* Internet, ne devienne seulement virtuelle » : ce que Cathe-

1. Paul Idatte, *Clés pour la cybernétique*, Seghers, 1969, p. 185.

rine Vincent décrivait dans le journal *Le Monde* (23-24 mars 2008) faisait l'objet, dans le même temps, d'un article de *Courrier international* (du 7 février au 13 février 2008) plaisamment intitulé : « Pas ce soir, chérie, je préfère le robot. » La technologie est ici proclamée au service d'un confort sans complexe et de l'élimination du marivaudage ! Mais, après tout, la pornographie n'est-elle pas essentiellement le prétexte pour l'individu désubstantialisé de s'abandonner aux gestes mécaniques qui veulent non pas *dire* (le désir) mais *disposer* (du corps) – prétexte qui trouve assurément dans la cybersexualité son pathétique adjuvant ?

Privés de l'illusion de posséder une inestimable intériorité – gage de notre caractère irremplaçable, fondement du souci que chacun se doit et qu'il prodigue à l'humanité –, que sommes-nous donc devenus ? En dépit de Freud et de la tentation qu'il aurait traduite de fonder une psychologie des profondeurs, l'intimité est à présent privée de densité ou de résistance. L'extraversion a triomphé. L'engouement pour les blogs l'exprime *ad nauseam* et, avec lui aussi, le culte de l'autobiographie ou de l'autofiction, l'appétit d'exhibition médiatique ou littéraire, malgré un apparent attachement aux masques, aux pseudonymes ou aux avatars numériques.

Que sommes-nous donc devenus ? Peut-être des « déprimés essentiels », selon la pathologie décrite par le psychosomaticien Pierre Marty, qui observait dans son cabinet un nombre croissant de patients dépourvus de tonus psychique et d'aptitude à « mentaliser » les épisodes traumatisants de leur existence[1]. Peut-être, finalement, ce que Peter Sloterdijk décrit de manière assez mesurée comme

1. Voir Pierre Marty, *L'Ordre psychosomatique*, Payot, 1980, pp. 59 *sq*.

l'échec de l'humanisme : des êtres chez lesquels prédominent les forces de désinhibition et qui accordent les pleins pouvoirs aux possibilités d'intensifier le vide qu'ils creusent en eux. Sommes-nous victimes d'une régression vers l'élémentaire ou bien engageons-nous l'aventure d'une mutation ? La question mérite d'être examinée.

L'homme a fait son temps

Qu'était-ce donc qu'être homme (ou femme) avant l'émergence de la subjectivité qui permit aux Grecs du Vᵉ siècle avant notre ère d'inventer la liberté et la démocratie ? Qu'était-ce donc, avant que le christianisme et saint Augustin n'imaginent une intériorité derrière nos faits et gestes, pour témoigner en nous d'une âme immortelle ? L'homme n'était-il alors que l'individu sans relief ni profondeur tel que la Chine ancienne l'assujettissait à un droit rigide, ignorant la notion d'intention dans l'évaluation des actes criminels ? N'était-il que semblable aux Indiens étudiés aujourd'hui par Philippe Descola qui révèlent n'être pas habités par cette petite voix intérieure, identifiée par nous à la conscience ? N'était-il enfin qu'un automate obéissant aux lois de sa nature, sans réflexion ni valeurs ? Et si, aujourd'hui, se trouvaient déclarées ruinées la subjectivité et l'intériorité, si l'authenticité et la liberté, valorisées par les philosophes de la conscience héritiers de Descartes, n'étaient plus perçues que comme des mythes, que resterait-il de l'homme (et de la femme) ? Et en quoi se distingueraient-ils (elles) donc des animaux et des machines réputées intelligentes ?

Les sciences ont poursuivi l'objectif de « naturaliser » les comportements humains, en leur assignant une origine toute biologique, en dissipant comme illusoire la notion de libre arbitre. Que leur objectera-t-on, désormais, afin de sauver cette spécificité qui justifiait l'humanisme aussi bien que les religions fondées sur la croyance en notre élection divine ? Si l'on ne trouve d'autre supériorité à l'homme (et à la femme) que celle de posséder une organisation fonctionnelle plus complexe que celle des primates et des automates, à quoi s'en remettre, à présent, pour remplacer la croyance que les hommes mettaient en eux-mêmes afin de justifier qu'ils se sentent destinés à dépasser leur nature ?

Le posthumanisme tourne autour de ces questions. Il s'étaie sur une conviction que Marx, Nietzsche ou Freud – tous trois critiques de l'humanisme et préposés, selon Michel Foucault, au « soupçon » contre ses illusions – avaient déjà énoncée : l'homme n'est pas celui qu'il croit être. Seulement, aujourd'hui, c'est moins à entreprendre de le désabuser sur lui-même qu'il convient d'œuvrer qu'à le préparer à accueillir l'inédit qui le débarrassera de lui-même. Les utopies posthumaines partagent cette résolution : annoncer la relève de l'humanité en disposant « les derniers hommes » que nous sommes à assister à l'émergence du radicalement nouveau. La sagesse se mesurera à la capacité que nous témoignerons de nous laisser surprendre par ce qui nous débordera.

L'homme d'aujourd'hui se meurt. On ne cesse de le proclamer, et cela suscite plus de curiosité que d'effroi – quelquefois même du soulagement chez ceux qu'écrase la fatigue d'être soi. C'est par là que l'interrogation sur le posthumanisme, si elle n'a pas prétention à encourager aux prophéties, trouve sa pertinence : elle donne la mesure du renoncement à demeurer ce qu'on a été et de la disposition à accueillir ce qui nous succédera. L'homme va mourir et ce ne sera pas si tragique que cela. Dans ce contexte, l'utopie reprend ses droits, après avoir été disqualifiée par quelques monstrueuses tentatives faites pour promouvoir l'homme nouveau. Devenant posthumaine, elle ne menace plus de verser dans quelque totalitarisme car ses acteurs seront d'emblée exempts de l'humanité et de ses faiblesses. Resterait tout juste, de ce point de vue, à jeter un regard rétrospectif et à demander quel homme est en train de mourir, qu'on n'a plus à cœur de soutenir tant il paraît avoir fait son temps.

Après Hegel, des penseurs de la fin de l'histoire ont répondu d'une même voix : l'homme qui disparaît est un être qui fut hanté par le désir d'être reconnu dans son humanité et qui, pour cette raison, engagea une histoire pleine de bruit et de fureur, au cours de laquelle il chercha à imposer sa supériorité aux autres. Un homme qui avait l'ambition de s'arracher à sa nature animale, à sa condition initiale d'« être de besoin », afin d'affirmer sa dimension d'être libre et éventuellement sa vocation spirituelle. Tout cela est bien connu et Francis Fukuyama, après Alexandre Kojève, a réactivé cette eschatologie finalement assez encourageante : l'histoire achevée et la citoyenneté planétaire ayant mis un terme à la dialectique du maître et de l'esclave, l'homme serait promis à un éternel présent et à la satisfaction définitive de ses aspirations. Il mourrait en tant qu'homme historique, sans phrases et pour ainsi dire comblé, victime de l'avènement de la reconnaissance universelle que lui garantirait l'extension illimitée de la démocratie et des valeurs libérales. *Exit* l'« être de désir », soumis jusqu'à présent à une ruineuse fuite en avant. Place au citoyen de l'État planétaire, qui n'aurait plus qu'à consommer les fruits de la civilisation.

Bien sûr, quelques inquiétudes pouvaient assombrir le scénario : comment se résoudre à redevenir une sorte d'animal dont les besoins se trouvent régulièrement satisfaits et qui, comme tel, vit désormais, sans plus réfléchir ni s'opposer à quoi que ce soit, selon les cycles de la nature ? Comment éviter l'ennui, c'est-à-dire cette horreur du temps désormais dépourvu de sens ? Kojève se disait que l'amour, le jeu et le snobisme – cette attitude tout à la fois distanciante et cynique qu'affectionnent les dandys et qu'il découvrit lors d'un voyage au Japon en 1948 – pourraient peut-être tromper le temps et préserver en nous quelque chose comme une humanité. Avec un art consommé de la provocation, Michel Houellebecq exploite dans ses romans certains aspects de la prémonition du philosophe hégélien.

Mais les penseurs de la fin de l'histoire n'ont pas imaginé de scénario pour une relève posthumaine. Ils pensent encore dans le cadre de l'opposition entre nature et histoire que les visionnaires du posthumanisme entendent dépasser, comme toutes les oppositions qui entravent l'émergence du radicalement nouveau. On trouve cependant, sous la plume de Kojève, une évocation de la posthistoire compatible avec les descriptions risquées par les adeptes du cyberespace. Selon eux, en effet, la mondialisation promet une stabilisation équivalant pour les hommes à se mettre hors jeu : « La fin de l'histoire, écrit-il, est la *mort* de l'homme proprement dit. Après cette mort, il reste : 1) des corps ayant forme humaine, mais privé d'Esprit, c'est-à-dire de Temps ou de puissance créatrice ; et 2) un Esprit qui existe empiriquement mais sous la forme d'une réalité inorganique, non vivante : en tant qu'un Livre qui n'étant même pas vie animale, n'a plus rien à voir avec le Temps[1]. » Un corps ayant forme humaine, mais dépourvu d'Esprit et voué à séjourner éternellement auprès d'un Esprit ayant existence empirique, mais dépourvu des attributs de la vie : la représentation qu'on peut se faire d'un tel accomplissement de l'aventure humaine a déjà trouvé à s'incarner dans le roman ou le cinéma. Elle pourrait offrir une figuration à la Singularité annoncée par Ray Kurzweil.

Le passage de l'humain au posthumain se prête, de toute façon, aux spéculations et les paléontologues eux-mêmes s'aventurent parfois à imaginer l'évolution future de notre espèce. André Leroi-Gourhan, par exemple, a émis quelques suggestions qui, là encore, trouveraient des échos chez les visionnaires du posthumain. Dans *Le Geste et la Parole*, livre qui décrit l'*Homo sapiens* comme le résultat d'une triple acquisition – la station verticale, le dégagement de la main, et la maîtrise des outils et du langage –, il en vient à la question qui nous occupe : « Est-il possible de prolonger la trajectoire humaine[2] ? »

Sa réponse aurait de quoi faire sourire si elle ne risquait pas d'alimenter la spéculation de visionnaires acquis à la thèse de la défaite des valeurs humaines : pour le paléontologue, en effet, on a déjà dit bien des sottises en prévoyant,

1. Alexandre Kojève, *Introduction à la lecture de Hegel*, Gallimard, 1947, p. 388, note. Le Livre dont parle Kojève et qui consacrerait la fin de l'histoire et la mort de l'homme, ce n'est pas l'intuition d'Internet et des « banques de données » dans lesquels le Japonais Hiroki Azuma voit la relève des grands récits qui ont fondé l'humanité, mais la *Phénoménologie de l'esprit* de Hegel qui accomplit le Savoir absolu (voir Hiroki Azuma, *Génération Otaku. Les enfants de la postmodernité*, Hachette Littératures, 2008). Reste que la formulation de Kojève pourrait s'accommoder de la référence à la culture contemporaine d'Internet.

2. André Leroi-Gourhan, *Le Geste et la Parole*, Albin Michel, 1964, p. 182.

au XIXe siècle, que l'humanité serait composée vers la fin du XXe siècle d'« individus au cerveau énorme, à la face minuscule et au corps étriqué. Cette image est fausse, explique-t-il, car il n'y a aucune raison pour que se produise un gain considérable de volume [du cerveau] avant plusieurs dizaines de millénaires ». En revanche, on pourrait imaginer à long terme un changement majeur lié à la perte de l'usage de la main, à celles de la denture et de la station debout. Et Leroi-Gourhan s'aventure à imaginer une extinction de l'homme qui rencontre la représentation véhiculée par la figure contemporaine du cyborg : « Une humanité anodonte et qui vivrait couchée en utilisant ce qui lui resterait de membres antérieurs pour appuyer sur des boutons n'est pas complètement inconcevable et certains romans d'anticipation, à force de brasser toutes les formules possibles, ont créé des “Martiens” ou des “Vénusiens” qui se rapprochent de cet idéal évolutif[1]. »

Au fond, lorsque Kurzweil définit l'identité personnelle qu'il s'impute encore comme un simple « schéma[2] », comme un motif qui évolue, que fait-il d'autre sinon embrasser les différentes formules par lesquelles on a voulu anticiper l'effacement d'une image figée de l'homme ? Assumer le caractère désubstantialisé de l'identité humaine – parce que l'homme rompt avec l'histoire qui l'a mené à maturation ou bien parce que son espèce se découvre vouée à une évolution naturelle irrévocable –, n'est-ce pas s'exposer à miser sur ce qui pourrait surgir de radicalement nouveau et qui nous dispenserait d'être encore ce que nous sommes ?

1. *Ibid.*, p. 183.
2. Ray Kurzweil, *Humanité 2.0*, *op. cit.*, p. 413.

Dernier espoir : le chaos

Les utopies posthumaines sont peut-être révélatrices du triste privilège qu'Arthur Koestler ou Günther Anders reconnaissaient à notre espèce : celui de pouvoir œuvrer à sa propre suppression. La fatigue d'être soi, dont je fais leur mobile, serait, en ce sens, sous-jacente à leur programme. Que ces utopies disposent à aspirer à l'impossible (ou à la Singularité), qui ne saurait plus avoir le visage de l'homme, cela n'est pas étonnant et constitue pour l'espèce comme sa dernière volonté. Le posthumanisme reste en ce sens porteur de valeurs pour l'action. Ce qui lui fait défaut, c'est seulement le sujet de cette action qui ne peut survivre tel quel au chaos dont les utopies attendent le radicalement nouveau. Il puise dans une certaine mystique de l'émergence de quoi transfigurer l'incertitude – « l'ignorance touchant l'avenir », disait Bataille – en motifs d'espérer.

Sans doute est-ce pourquoi un certain culte de l'émergence entoure l'attente du regain qui donnera sa chance à une humanité élargie au non-humain, comme la réclament les plus sages visionnaires d'un monde unifié par les technologies convergentes, ou bien qui consacrera l'avènement d'un transhumanisme moins tempéré et le remplacement de l'homme par les machines intelligentes. Dans les deux cas, le concept d'émergence connote la disparition des aspirations bourgeoises à la sécurité, à la confiance et à la prévoyance, par lesquelles Stefan Zweig décrivit « le monde d'hier », avant de se suicider en 1942. Au cours du XXe siècle, on a invoqué ce concept comme une objection à la science issue de Galilée. On l'a revendiqué aussi, dopés que nous étions par les développements de la mécanique quantique, contre la rationalité strictement analytique associée à l'œuvre scientifique des Modernes.

L'émergence exprimait alors une réfutation du principe cartésien, essentiel à l'esprit de ces Modernes, exigeant qu'il n'y ait jamais plus de réalité dans l'effet que dans la cause d'un phénomène, c'est-à-dire jamais de surprise sinon de miracle dans le cours des choses. Un sentiment de sécurité devait en effet s'accrocher à la confiance placée dans l'enchaînement linéaire des causes et des effets. La science alimentait alors une conception du monde dominée par un tel enchaînement et elle pouvait, à ce titre, garantir la stabilité et les valeurs morales nécessaires à l'action dans ce monde.

En révélant des situations dans lesquelles un effet paraît sans commune mesure avec sa cause, la description de phénomènes émergentiels – ceux qu'étudient par exemple les climatologues ou bien les immunologues – introduit apparemment le hasard et l'incertitude dans la nature. L'émergence est ainsi appelée à mettre en question la conception mécaniste du monde associée au nom de Descartes et à rendre discutable sinon vaine l'ambition déterministe formulée par Laplace [1]. Psychologiquement, elle renforce aussi le sentiment de vertige qui accompagne les découvertes scientifiques d'Einstein et de Dirac. Qu'elle

1. Voir Pierre-Simon Laplace, *Essai philosophique sur les probabilités*, Gaultier-Villar, 1921 : « Nous devons envisager l'état présent de l'univers comme l'effet de son état antérieur, et comme la cause de celui qui va suivre. Une intelligence qui, pour un instant donné, connaîtrait toutes les forces dont la nature est animée et la situation respective des êtres qui la composent, si d'ailleurs elle était assez vaste pour soumettre ces données à l'analyse, embrasserait dans la même formule les mouvements des plus grands corps de l'univers et ceux du plus léger atome : rien ne serait incertain pour elle, et l'avenir, comme le passé, serait présent à ses yeux. »

soit par la suite sollicitée pour justifier qu'on veuille s'abandonner à un chaos perçu comme régénérateur, c'est ce que nombre de visionnaires du posthumain donnent à imaginer.

Las d'un monde incapable d'accoucher de nouvelles étoiles, on préférera en effet la mise en désordre de relations physiques jusque-là perçues comme monotones. Plus d'un scientifique s'offusque, naturellement, du dévoiement de la science vers un irrationalisme de type vitaliste et rappelle que les phénomènes d'émergence sont un défi pour la raison, et non pas une invitation à abandonner les idéaux déterministes. Mais il faut croire que bien des désillusions ont couvé ce dévoiement et convaincu que c'est seulement du côté d'une science du désordre qu'on devra aller chercher la prospective.

En 1956, un physicien inspiré par l'énergétisme qui s'opposait alors à l'atomisme, Georges Matisse, définit l'émergence dans des termes qui sont devenus très courants : « L'émergence, écrit-il, fait surgir dans un système des propriétés originales, des phénomènes improvisés, des lois inattendues, qui n'appartiennent pas aux éléments composants, isolés ou distribués au hasard [1]. » Cette définition ne devait évidemment pas, dans son esprit, sonner le glas d'une approche rationaliste du monde mais seulement montrer que la belle régularité visée par la science cartésienne concerne en réalité le cas exceptionnel, le cas improbable, c'est-à-dire obéissant à une loi formulable. La circonstance générale, le cas probable, est en revanche « le phénomène confus, l'ensemble désordonné de faits individuels, la multitude fourmillante où aucune

1. Georges Matisse, *L'Incohérence universelle*, PUF, 1956, p. 1.

ordonnance régulière n'est composée » (p. 7). Il n'était à ses yeux de déterminisme que régional, c'est-à-dire localement à l'abri « des frontières critiques, que tracent des faits d'émergence faisant irruption dans le cours jusque-là régulier des événements » (p. 3).

À lire aujourd'hui Georges Matisse, on se dit que les positions du prix Nobel de physique (1998) Robert Laughlin, présentant les lois de la nature comme le résultat d'un comportement d'ensemble et comme indépendantes de celles qui régissent les processus individuels sous-jacents, ne sont pas si bouleversantes que cela. Le thème de l'émergence aurait pu être depuis longtemps banalisé. Reste que les idées s'imposent à leur heure, ainsi que le savent les « mèméticiens [1] » qui en décrivent la propagation pour ainsi dire contagieuse. Et ceux-ci assistent aujourd'hui, avec une certaine gourmandise, à la prolifération de thèmes propices à l'annonce d'un renouveau grâce au chaos.

Un livre américain publié en 1990, *Chaos Bound*, de Katherine Hayles, pose la question : « Qu'est-ce qui, dans notre présent culturel, a propulsé le chaos comme un

1. Issue d'une intuition du biologiste Richard Dawkins dans le chapitre 11 du *Gène égoïste* (1976), la mèmétique s'est constituée en discipline avec Susan Blackmore aux États-Unis et Pascal Jouxtel en France (voir *Comment les systèmes pondent. Une introduction à la mèmétique*, Le Pommier, 2005). Sur le modèle du néo-darwinisme, elle s'efforce de comprendre les mécanismes réplicatifs par lesquels s'imposent les idées, les modes vestimentaires, les croyances... Susan Blackmore écrit : « Quand on imite quelqu'un, quelque chose est transmis. Ce "quelque chose" peut alors se transmettre à nouveau, encore et encore, et ainsi prendre vie de manière autonome. On pourrait appeler cette chose une "idée", une "instruction", un "comportement", un "bout d'information"... Mais si nous voulons l'étudier, il va falloir lui donner un nom. Fort heureusement un tel nom existe. C'est le nom de "mème" » (*La Théorie des mèmes. Pourquoi nous nous imitons les uns les autres*, Max Milo Éditions, 2006, p. 34).

concept important ? Pourquoi nous apparaît-il ici et maintenant comme un concept pivot[1] ? » Parmi les réponses proposées par l'auteur, je retiens celles-ci : le besoin socioculturel de rompre avec la rigidité des structures qui nous furent longtemps présentées comme des nécessités ; le désir d'en finir, par conséquent, avec la soif d'immobilité, avec l'éléatisme implicite (la fixation sur l'être et l'expulsion du temps) que Henri Lefebvre prêtait au structuralisme ; l'adhésion au pathos du postmodernisme et au programme des philosophes de la déconstruction qui nous débarrassent du souci de fonder quoi que ce soit ; la tentation, finalement, d'ouvrir sur un posthumanisme émancipateur qui nous permettrait d'en finir avec les impasses métaphysiques consistant dans les dualismes de toutes sortes. Toutes ces raisons suffiraient donc à justifier la promotion du chaos et de l'émergence dans l'esprit du temps.

La mystique du bottom-up

Des années 1950 à nos jours, un certain nombre d'événements culturels ont de la sorte scandé l'évolution du thème épistémologique de l'émergence et assuré sa montée en puissance jusque dans les utopies posthumaines. Les esprits rigoureux regretteront la formation de cette constellation culturelle qui procède, à leurs yeux, d'un amalgame thématique, vaguement polarisé par des phénomènes surtout mis en évidence par les cybernéticiens.

---

1. Katherine Hayles, *Chaos Bound*, Cornell University Press, 1990, p. 265.

Au cours d'un fameux colloque normand à Cerisy-la-Salle en 1982, la philosophe Isabelle Stengers décrivait, de manière critique, la tentation aux généralisations massives et la circulation métaphorique incontrôlable auxquelles donnent lieu les concepts cybernétiques issus de l'auto-organisation. Et elle posa une question qui n'a pas perdu de son actualité, vingt-cinq ans après, et qui porte le trait contre le rôle joué par certains scientifiques dans la genèse d'extrapolations souvent débridées : « Comment recréer une culture, un milieu social de discussion et de négociation assez dense et critique pour que les enjeux des discours théoriques s'y trouvent situés dans leur relativité culturelle et historique et pour que le scientifique ne puisse être, ni ne se sente requis d'y revêtir le rôle du prophète[1] ? »

Dans le contrepoint du colloque et devant le micro d'une radio culturelle, elle exprima plus clairement le contexte qui la poussait à formuler cette question : « Quant à moi, on m'a très souvent dit par exemple que la théorie des structures dissipatives que Prigogine a créée, et que j'ai eu souvent l'occasion de présenter, justifiait l'autogestion, ou des choix du même ordre. Donc il y a continuellement face aux scientifiques une attente, un appel pour qu'ils rendent ces théories pertinentes pour des projets politiques, pour que – qu'ils le veuillent ou non – ils se comportent en prophètes[2]. » Ce constat porterait à l'évidence contre ces « techno-prophètes » qui contribuent désormais non pas tant à « des projets politiques » qu'à la désertion de l'histoire au profit d'un décrochage vers le posthumain.

1. Voir *L'Auto-organisation. Du physique au politique*, Seuil, 1982, p. 40.
2. Voir « Création et désordre », L'Originel/Radio France, 1987, p. 31.

La « culture de l'émergence » dans laquelle je vois se développer les spéculations posthumanistes tire prétexte de l'impact produit sur nos manières de penser – voire sur nos comportements – par la révélation d'une certaine incommensurabilité des causes et des effets dans l'espace des sciences de la matière ou par celle du pouvoir auto-organisateur de nos machines et la perte de contrôle qui en résulte pour nous dans le domaine des techniques. À force d'entendre dire que « le futur n'a plus besoin de nous » (selon l'expression inquiète de Bill Joy qui a offert son sous-titre au présent ouvrage), nous pourrions nous croire neutralisés, à l'instar des (anti-)héros de Houellebecq. Le fait que le thème de l'émergence ait fini par « faire culture » et qu'il signifie globalement que nous serions à présent privés de l'initiative de décider et d'agir, ce fait procède-t-il donc d'une fatalité ?

L'expression « maîtriser son destin » paraît en tous les cas avoir perdu son sens. Le philosophe Jean-Pierre Dupuy, observateur avisé des thèmes qui ont composé cette « culture de l'émergence », demandait récemment : « Comment pourrions-nous déterminer cela même qui nous détermine ? Comment les hommes pourraient-ils agir sur une puissance extérieure à la volonté humaine [1] ? » Vieille question qui fait le fond de la tragédie grecque et à laquelle répond le héros : se savoir victime du destin mais s'attacher à faire comme si l'on était responsable de ce que les dieux vous imposent – telle est la formule du défi tragique qui suppose, à tout le moins, une combativité et une insolence hélas, devenues, exceptionnelles chez les hommes. Les héros sont plus que jamais fatigués…

1. Jean-Pierre Dupuy, *Petite métaphysique des tsunamis*, *op. cit.*, p. 102.

La mystique de l'émergence, pour ainsi nommer le recours défensif et salvateur à ce qui surgit sans qu'on y ait part, a une genèse que je voudrais ébaucher. Encouragée par les technosciences contemporaines et leurs programmes de recherches axés sur la production de systèmes auto-organisés, elle puise à la source de croyances ou de préjugés favorables aux démarches qu'on dit *bottom-up* parce qu'elles misent sur ce qui vient d'en bas. Dans le domaine philosophique et politique, ces croyances et ces préjugés se sont exprimés de multiples manières. Depuis la revendication énoncée par le philosophe Walter Benjamin de valoriser une lecture de l'histoire qui prenne le point de vue des vaincus et non plus celui des vainqueurs [1], jusqu'à l'éloge du « bordel ambiant », selon le titre du livre de Roland Moreno, l'inventeur de la carte à puce [2], en passant par une certaine fascination pour la folie entretenue par l'antipsychiatrie des années 1970 ou par le développement, largement commenté ici, d'une cyberculture… Autant de thèmes et d'engagements militants, apparemment hétérogènes, qui se sont imbriqués pour inciter à libérer les forces d'en bas et pour nous dispenser, grâce à elles, d'exercer un inutile contrôle sur le cours des choses.

L'environnement technologique, en particulier sur le terrain de l'information et de la cognition, a largement frayé la voie aux arguments en faveur de l'émergence. La thèse jadis soutenue par le psychologue Jean Piaget selon laquelle l'intelligence est le résultat d'une construction qui se déploie à partir d'activités sensori-motrices, c'est-à-dire élémentaires,

1. Voir Walter Benjamin, *Poésie et révolution*, tome 2, « Thèses sur la philosophie de l'histoire » (1940), Denoël, 1971.
2. Roland Moreno, *Théorie du bordel ambiant. Souvenir de l'irréversible*, Belfond, 1990.

cette thèse est reprise et exploitée par les théoriciens de la vie artificielle. Le biologiste Francisco Varela en expliquait magnifiquement le bien-fondé : mieux vaut construire des minirobots, dont le comportement neuromimétique aura la vertu de se complexifier à partir de comportements élémentaires (du type bouger, chercher, attaquer, éviter...) que de se mettre en peine d'implémenter de la connaissance dans des systèmes experts fonctionnant comme des machines à résoudre analytiquement des problèmes. Quoi d'étonnant si, aujourd'hui, la description des prouesses annoncées dans le champ des nanotechnologies paraît presque convenue ? Modifions si peu que ce soit la configuration des atomes et l'on devrait obtenir des produits ou des comportements émergents qui sauront bien prouver leur résilience et leur fécondité opérationnelle, en s'accommodant aux pressions sélectives ou en coévoluant avec l'environnement... J'ai déjà évoqué la portée du programme NBIC et sa réception enthousiaste chez les transhumanistes. Rien de tel, en effet, que la perspective ouverte tous azimuts par la production « immotivée » de phénomènes émergentiels pour supplanter un humanisme qui s'est toujours déclaré soucieux de maîtrise et de conscience de soi.

Un principe d'immaîtrise

Jean-Pierre Dupuy a expliqué avec force combien l'univers des nanotechnologies, qui réalise cette perspective, nous expose à changer radicalement d'attitude à l'égard du monde et à enclencher un processus susceptible de conforter les fantasmes du transhumanisme. Qu'il soit permis de le citer un peu longuement ici : « La question essentielle est la suivante : comment expliquer que la science soit devenue une activité si "risquée" que, selon certains scientifiques de premier plan, elle constitue aujourd'hui la principale menace à la survie de l'humanité ? Certains philosophes répondent à cette question en disant que le rêve de Descartes – "se rendre maître et possesseur de la nature" – a mal tourné. Il serait urgent d'en revenir à la "maîtrise de la maîtrise". Ils n'ont rien compris. Ils ne voient pas que la technologie qui se profile à l'horizon, par "convergence" de toutes les disciplines, vise précisément à la non-maîtrise. L'ingénieur de demain ne sera pas un apprenti sorcier par négligence ou incompétence, mais par finalité. Il se "donnera" des structures ou organisations complexes et il se posera la question de savoir ce dont elles sont capables, en explorant le paysage de leurs propriétés fonctionnelles – démarche ascendante, *bottom-up*. Il sera au moins autant un explorateur et un expérimentateur qu'un réalisateur. Ses succès se mesureront plus à l'aune de créations qui le surprendront lui-même que par la conformité de ses réalisations à des cahiers des charges préétablis. Des disciplines comme la vie artificielle, les algorithmes génétiques, la robotique, l'intelligence artificielle distribuée répondent déjà à ce schéma. Ce qui va cependant porter cette visée de non-maîtrise à son accomplissement est le programme nanotechnologique, ce projet démiurgique fait de toutes les techniques de manipulation de la matière, atome par atome. Pour la mettre en principe au service de l'humanité [1]. » En principe, espère-t-on en effet....

Loin de souscrire au principe d'une non-maîtrise et souvent réfractaires aux extrapolations qui fondent le

1. Voir *Le Débat*, n° 129, mars-avril 2004, ou *Futuribles*, n° 300, septembre 2004.

philosophe à évaluer l'impact éthique des innovations, la plupart des scientifiques ne dissimulent pas, de leur côté, que l'engouement pour les vertus de l'émergence tient beaucoup aux découvertes de la mécanique quantique. Elles ont en effet imposé une sorte de déréalisation du réel et entamé le crédit de toute approche scientifique se réclamant des idéaux déterministes. Résistant aux sirènes irrationalistes, ces scientifiques soutiennent que le concept d'émergence permettrait de comprendre comment s'articulent les lois de la mécanique classique et de la thermodynamique avec les lois quantiques. Et, d'une façon générale, ils s'en servent comme d'un instrument propice à éviter le réductionnisme ontologique (tel que le « tout-génétique », le « tout-neuronal » ou le « tout-pulsionnel ») aussi bien que pour échapper aux régressions vitalistes.

L'émergence signale que le monde est complexe et que toute réduction à quelque simplicité première est illusoire. C'est en ce sens que j'ai salué l'œuvre du prix Nobel de chimie Ilya Prigogine et son effort pour promouvoir la valeur explicative de l'émergence, en militant explicitement pour le passage d'une physique des états à une physique du devenir. Sans être toujours véritablement comprise, l'émergence a ainsi fait culture, sur la base d'une ontologie du devenir accueillie avec une certaine euphorie. Ne s'y mêlait-il pas à la fois la lassitude à l'égard de modèles de rationalité enclins à figer le monde dans des catégories étouffantes et un empressement à nouer alliance avec l'imprévisible et la nouveauté sans lesquels il n'est jamais d'invention ? Complice de Prigogine, Isabelle Stengers, qui sait de quoi elle parle, traduisait bien cette euphorie dont nous héritons et qui conjoint émergence et néguentropie, c'est-à-dire organisation vitale : « La nature inorganique ne connaît pas seulement des évolutions progressives vers le désordre et l'indifférence, mais aussi des métamorphoses brusques, des transformations discontinues : cristallisation – l'ordre émerge du désordre, le liquide "prend" d'un seul coup, le soluté "précipite" –, fusion, sublimation ; ces changements d'état reproductibles et pourtant mystérieux ont inspiré des métamorphoses dans tous les champs du savoir : le vivant, l'ordre social cristallisent au sein du chaos ; les résistances, les cloisonnements fondent dans la folie du moment ; l'idée ou la décision précipitent brusquement[1]... » On croirait lire *Le Rêve de d'Alembert* de Diderot et sa méditation exaltée sur la goutte de Needham d'où émerge l'ensemble de ce qui vit !

La liberté de l'impossible

Afin de parachever la description des ingrédients qui composent la culture contemporaine de l'émergence, il faudrait invoquer les Grands Récits cosmogoniques qu'affectionnent nos contemporains et qui leur racontent le miracle de la première cellule et le mystère entourant les premières nanosecondes du big bang. Faut-il envisager que l'émergence produit, sur ce terrain, des effets de déconcertement tels qu'on s'expliquerait le repli des plus frileux sur le catéchisme créationniste ou sur les élucubrations de l'« Intelligent Design » ?

Il faudrait aussi tenir compte de l'attraction exercée dans nos sociétés par les motifs d'une indéracinable esthétique,

1. Isabelle Stengers, in *L'Auto-organisation*, *op. cit.*, p. 45.

tout entière dédiée à ce qui se réclame du surgissement de l'œuvre singulière, de la force créatrice de l'indéterminé et donc de la liberté de l'inspiration. Le romantisme n'est pas mort. Il compose aujourd'hui avec cette culture de l'émergence que je décris à petites touches. Le plasticien a ainsi partie liée avec le chercheur en morphogenèse qui envisage la forme comme antichaos, et donc comme génératrice de l'ordre arraché au bruit. La préoccupation pour l'émergence est également au cœur de l'esthétique du sublime qui déborde le contexte de l'œuvre d'art et oblige à penser ce qui fait événement, c'est-à-dire effraction dans le quotidien – ce qui bouleverse nos attentes et nous restitue à une insécurité qu'on espère créatrice.

L'histoire ne devait plus produire de nouveau, nous disait-on encore à la fin du siècle dernier. Elle devait nous vouer nécessairement à la dégradation, à une entropie mortifère. Nous devions nous habituer à l'idée qu'il n'y aurait plus d'événement. Au lieu de cela, l'impossible a surgi et, avec lui, une liberté qu'on pouvait croire illusoire. Contre les philosophes d'une histoire achevée, la culture de l'émergence exprime cela à sa façon, et Jean-Pierre Dupuy lui prêta sa voix avec emphase à l'occasion d'un événement qui pourrait, hélas, justifier l'extrémisme de ceux qui voudraient en finir avec l'humanité tout entière : « Qui n'a pas éprouvé devant les images du 11 Septembre une sorte d'exaltation et d'effroi qui ressemble au sentiment du sublime, au sens que donnent à ce mot Burke et Kant [1] ? » L'émergence est un concept qui entend exprimer le mélange de liberté et de déterminisme qui qualifie l'expérience du sublime, et l'analyse de la catastrophe (celle

---

1. Jean-Pierre Dupuy, *Pour un catastrophisme éclairé*, Seuil, 2002, p. 12.

du 11 Septembre aussi bien que celle du tsunami asiatique de décembre 2004) proposée par Jean-Pierre Dupuy l'assume complètement : la catastrophe est impossible avant qu'elle ne se réalise, mais quand elle le fait, elle projette dans le passé le possible qu'elle fut en réalité. C'est la structure même de l'émergence : imprévisible au moment où elle se produit – en ce sens, parfaitement « libre » –, elle impose qu'on l'insère comme une possibilité dans la trajectoire passée dont elle résulte nécessairement – en ce sens, parfaitement « déterminée ».

La Singularité, dont Ray Kurzweil nous explique qu'elle est proche et qu'elle intronisera le posthumain, relève de cette structure et elle pourrait se laisser évaluer dans les termes mêmes de Dupuy : « Il va nous falloir apprendre à penser que, la catastrophe apparue, il était impossible qu'elle ne se produise pas, mais qu'avant qu'elle ne se produise, elle pouvait ne pas se produire. C'est dans cet intervalle que se glisse notre liberté[1]. » Une liberté à laquelle se refuseront toutefois ceux qui subordonnent à la catastrophe l'horizon d'un tout-autre, ceux qui se dérobent à la rationalité minimale qui consisterait à vouloir vivre encore.

Ainsi le thème de l'émergence s'offre-t-il en toile de fond de cette effrayante aspiration à être débarrassé des oripeaux de l'humain. La science et la technique modernes ont perdu l'idéal cartésien de maîtrise qui les définissait. L'immaîtrise est le nouvel idéal régulateur et elle implique à terme l'annulation même de l'initiative humaine. Seule devrait en effet se maintenir, en un premier temps, une

1. *Ibid.*, p. 165.

activité technique délibérée, consistant seulement à modifier les conditions initiales de systèmes complexes qui seront soumis ensuite à leur dynamique propre. L'immaîtrise progressivement consentie satisfera bientôt un sentiment quasi esthétique, exprimé par le physicien Werner von Braun : « La recherche fondamentale, c'est quand je fais ce que j'ignore être en train de se faire. » N'aspirons-nous pas, en effet, à nous laisser surprendre par les objets produits par la technologie – comme si nous étions fatigués d'être aux commandes ou bien effrayés par les désordres que notre maîtrise a produits ? Les utopies posthumaines conjuguent ces deux sentiments. De là à imaginer qu'elles offrent la perspective d'une vie où il ferait encore bon être homme…

Conclusion

Ainsi s'achève le portrait de l'homme contemporain, tantôt angoissé tantôt exalté par les perspectives de transformation de soi que lui offrent ses technologies. Ce portrait est-il réaliste ? N'ai-je pas forcé le trait ? N'ai-je pas raisonné comme si chacun allait bientôt partager la conviction exprimée par le généticien Djerzinski, ce personnage imaginé par Michel Houellebecq, qui entend œuvrer à une radicale mutation de l'humanité : « L'humanité devait disparaître, l'humanité devait donner naissance à une nouvelle espèce, asexuée et immortelle, ayant dépassé l'individualité, la séparation et le devenir[1] » ? J'ai désiré avant tout faire le compte des arguments qui rendent pensable, aujourd'hui, l'idée d'un posthumanisme.

Les prévisions de l'avenir sont d'abord l'occasion d'évaluer les convictions du présent. Le monde de demain ne sera peut-être jamais comparable à la fiction du *Neuromancien* de William Gibson ou à celle qu'a créée Ridley Scott dans son

---

1. Michel Houellebecq, *Les Particules élémentaires*, J'ai Lu, 2006 [1998], p. 385.

film *Blade Runner*. Il ne laissera peut-être jamais advenir l'Intelligence artificielle que Ray Kurzweil lui prédit pour 2030, ou bien les nanomachines dont Eric Drexler attend des merveilles si nous savons les contenir. On pourrait même s'aventurer à soutenir que le monde sera totalement différent et qu'il ressemblera plutôt à celui du mystique indien Shri Aurobindo qui fit rêver les hippies d'autrefois [1]. L'essentiel n'est pas là mais dans l'insistance actuelle – voire la cohérence – des scénarios que ce livre a souvent croisés. J'ai voulu lire ces scénarios comme le symptôme de l'image négative que nous nous faisons de nous-mêmes, en ce début de XXIe siècle et, il est vrai, j'ai pris le risque d'identifier dans les spéculations posthumanistes ou dans les fantasmes transhumanistes quelque chose comme un sentiment de lassitude. Comme si les hommes voyaient venir le temps de déclarer forfait et de travailler, au mieux, à ce que notre technologie fasse émerger une relève – au mieux, car cette fatigue de soi pourrait aussi bien les conduire à abandonner le futur à lui-même.

À la fin des années 1940, le philosophe Adorno avait déjà perdu toute illusion sur la soif d'avenir de l'homme des sociétés modernes : « De nos jours, écrivait-il dans *Minima Moralia*, être conscient de soi ne désigne plus que la réflexion que l'on fait sur le moi, en prenant conscience de ses limites,

1. Shri Aurobindo (1872-1950), après avoir lutté contre les anglais pour l'indépendance de l'Inde, entreprit de « se révolter contre la nature universelle tout entière ». Ayant découvert le yoga intégral, il fonda à Pondichéry un Ashram moderne qui abrita une nombreuse communauté. Doté de tous les éléments nécessaires à une véritable autarcie, cet Ashram figura comme le laboratoire d'où pouvait naître « une humanité supramentale ». Il suscita la fascination d'une jeunesse désireuse d'en finir avec les pesanteurs de la civilisation. La revue *Planète*, fondée par Louis Pauwels et Jacques Bergier, entretint dans les années 1960 la renommée de celui qu'elle nomma « le Teilhard de Chardin de l'Orient » (cf. n° 27, mars-avril 1966, pp. 146-162).

de son embarras et de son impuissance : c'est *savoir qu'on est rien*[1]. » Sans adopter la posture misanthrope du penseur de l'École de Francfort, j'ai pu donner à penser que je partageais ce verdict et que nous relevions désormais de la maladie du « dernier homme » dans laquelle Nietzsche résumait le nihilisme de son époque. Il est vrai que les chapitres de ce livre ont pu paraître sombres : nous avons désormais affaire, ai-je suggéré, avec des hommes disposés à se débarrasser de leur intériorité au profit d'une étourdissante propension à communiquer tous azimuts les signes de leur subjectivité appauvrie. Nous sommes entourés d'êtres humains qui se sont habitués à ce qu'on les traite comme des boîtes noires dans lesquelles entrent des informations qu'on mesurera à la sortie, afin d'en mieux ajuster les prochaines. Nos contemporains considèrent de plus en plus leur corps comme un simple matériau remodelable et même remplaçable. Nous rencontrons chez eux la conviction décourageante que, en agissant, ils se rendent complices de tous les désastres et que, à cet égard, la sagesse exigerait qu'ils cessent de se vouloir « comme maître et possesseur de la nature »…

Le paysage n'est décidément pas engageant. En imaginant qu'un humanisme sans égocentrisme serait encore possible, reconnaissons que, sans un minimum d'estime de soi, il est difficilement concevable !

Ce livre aurait pu délivrer un message inspiré par Nietzsche et inciter à braver le nihilisme, cette volonté d'en finir avec la volonté elle-même que les utopies posthumaines traduisent quand elles expriment, dans leur culte de l'émergence, le refus des hommes d'être plus longtemps aux

1. Theodor W. Adorno, *Minima Moralia. Réflexions sur la vie mutilée*, Payot, 1980, p. 47.

commandes. Il aurait pu trouver chez Nietzsche de quoi convaincre que le corps non instrumentalisé demeure le foyer actif de toutes les valeurs et intensités. Il aurait pu encourager avec lui à accueillir le hasard non pas comme une paradoxale solution aux impasses vécues au présent, mais comme l'ouverture aux problèmes susceptibles d'éprouver et d'intensifier la vitalité des hommes. Enfin, Nietzsche aurait pu être le prétexte à réfuter le pauvre désir d'éternité qui mobilise les transhumanistes, en révélant combien l'aspiration à la répétition promise par le clonage ou le téléchargement de la conscience a peu à voir avec le consentement généreux à ce que revienne éternellement ce qui a été vécu. L'amour de la vie, cette volonté de puissance, n'aurait pas été une mince objection à la fatigue d'être soi qui porte à désirer n'être plus davantage qu'une machine. Mais je n'ai pas entrepris de dresser le surhomme nietzschéen contre le posthumain, ni visé en général à faire la leçon aux utopistes en brandissant la lettre des philosophes. Il m'importait surtout de comprendre comment la vision d'un futur dans lequel nous ne serons plus rien – ou plus grand-chose – a pu se dessiner.

Cette vision est-elle désespérante ? Elle oblige naturellement à conclure que l'humanisme est devenu impraticable dans les termes que les philosophes issus de la Renaissance européenne lui ont appliqués. Heidegger et Sloterdijk ont raison. C'est pourquoi ce livre prend au sérieux la perspective d'un posthumanisme dans le contexte souvent contrasté qu'imposent les technosciences. Contrasté, parce qu'il conjugue par exemple la militance écologique qui prétend sauver la planète et le fantasme d'une humanité délivrée de la biologie. Ou bien parce qu'il associe la dénaturation des corps promise par les biotechnologies avec la spiritualisation sans intériorité qu'annoncent les prophètes du cyberespace.

Mais la tonalité de ce livre n'est pas au pessimisme. Son point de départ le prouve : il s'agissait d'affronter la question de savoir comment nous pourrions vivre au sein d'une humanité élargie, telle qu'elle inclurait les animaux et les robots. L'éthique était au principe de la réflexion que j'ai engagée et son souci ne s'en est pas trouvé égaré, pas même lorsqu'il me fallut mettre en évidence la dissolution des identités qui accompagne le développement des sciences d'aujourd'hui.

Supposé que l'homme devienne le zombi que décrit Skinner dans *Walden 2*, ou bien qu'il se travestisse à longueur de journées dans les avatars que lui ménagent des sites Internet du genre « secondlife.com », qu'en sera-t-il de son idéal de vie et quelles relations intersubjectives nouera-t-il avec ses semblables ? Arrivé au terme de ce livre, je ne vais pas ironiser et dire que la réponse se trouve dans la question – plus exactement dans les termes « zombi » ou « avatars ». Je crois plus raisonnable d'introduire ici une idée que m'a transmise un biologiste qui fut de mes amis, Francisco Varela (1946-2001) : celle d'une éthique qui pourrait organiser le vivre ensemble d'êtres dépourvus de représentation ou même de conscience, c'est-à-dire inaccessibles à la morale.

« Je crois fermement, disait Varela, que la pratique de l'éthique dans un cadre non moraliste est capitale pour notre monde déconcerté et déconcertant [1]. » Théoricien de la cognition dont il étendait le concept, depuis ses thèses biologiques, à tout ce qui vit et signale un comportement en phase avec un environnement, Varela prétendait n'avoir pas besoin de représentations mentales ou de la supposition d'intention pour expliquer qu'on soit intelligent. Il avait inventé pour

---

1. Francisco Varela, *Quel savoir pour l'éthique ? Action, sagesse et cognition*, La Découverte, 1996, p. 10.

dire cela le concept d'« énaction », désignant par là l'aptitude à « faire émerger un monde partagé » dans le temps même où l'on agit de manière cohérente avec lui. Le moindre organisme, en ce sens, est capable de comportement intelligent – la cellule confrontée à l'antigène qui menace de la phagocyter, la grenouille en présence de la mouche qu'elle s'apprête à avaler, le peintre qui perçoit les couleurs d'un paysage qu'il va reproduire et, naturellement, le zombi dont je viens de parler. La cognition, ici définie comme le couplage que le système vivant établit avec le système constitué par son environnement, est une grande idée. Surtout si elle peut s'appliquer aussi aux automates capables de simuler la vie. Mort prématurément, Francisco Varela était justement l'un des chercheurs en vie artificielle les plus prometteurs.

Le problème éthique reçoit de ce point de vue un traitement inattendu et tel qu'il puisse s'appliquer à l'humanité élargie que nous sommes défiés de prendre en compte par les utopies posthumaines : comment s'effectuera le couplage entre des êtres réduits au fonctionnement élémentaire que la nature ou les technologies leur imposent ? « Ce dont nous avons essayé de nous pénétrer, expliquait Francisco Varela, c'est que la majeure partie de nos activités quotidiennes – travailler, bouger, parler, manger – ressortissent à un savoir-faire, et que seule une petite partie ressortit à une analyse délibérée et intentionnelle, propre aux savoirs. » Ce savoir-faire quasi intuitif, qui manifeste le bel ajustement de nos actions à notre environnement, pourquoi ne décrirait-il pas l'idéal éthique que nous poursuivons, cette harmonie immédiate avec le monde telle que Hegel la décrit sous le terme de « vie éthique » ? Pas besoin de se représenter les choses ni d'anticiper le résultat de nos actions, nous sommes en coïncidence avec ce qui nous entoure. Les bouddhistes, les stoïciens ou les épicuriens n'ont pas souhaité d'autre sagesse. Si le posthumanisme tend à enregistrer le retrait de l'homme intérieur et à apparenter celui-ci aux artefacts avec lesquels il devra interagir, nul doute que semblable sagesse puisse encore l'éclairer.

Qu'on se décide donc, pour y parvenir, à quitter l'illusion du sujet substantiel auquel Descartes croyait ; qu'on se résigne à abandonner la quête dérisoire du fondement ultime de toute réalité ; qu'on renonce enfin à tous ces dualismes (âme-corps, nature-culture, homme-animal...) qui nous ont jadis servi à déchiffrer et ordonner le monde et qui se révèlent aujourd'hui des obstacles... La fin de tant de certitudes ou de convictions devrait-elle être le prétexte à abdiquer tout idéal éthique ?

C'est au contraire parce qu'elles font défaut qu'on a lieu de solliciter un tel idéal, pour mieux offrir ses chances à l'équilibre des relations à établir à l'échelle des êtres de la planète. Un philosophe américain, Richard Rorty (1931-2007), voyait poindre à l'horizon du temps présent l'aspiration à une solidarité et à « une sympathie élargie[1] » qui compenseraient la déshérence des vérités. L'éthique toute pragmatique associée à son œuvre – pragmatique, parce que, en l'absence de vérité, elle choisit l'utilité – est proche de celle suggérée par Varela, et elle me paraît répondre aux attentes d'un posthumanisme : indifférente aux barrières dressées entre les êtres et opposée aux dogmes, qu'ils soient ou non révélés, elle n'a d'autre objectif que d'obtenir « l'accord sur ce qui convient ». Notre monde n'est viable que parce que nous y nouons des rela-

1. Richard Rorty, *L'Espoir au lieu du savoir. Introduction au pragmatisme*, Albin Michel, 1995, pp. 118-119. Voir aussi *Contingence, ironie et solidarité*, Armand Colin, 1993.

tions les uns avec les autres. Les êtres humains qu'il réunit s'ouvriront d'autant plus les uns aux autres qu'ils s'éprouveront dépourvus de l'essence qui les enfermait et les cloisonnait.

Que ces êtres s'efforcent de limiter toujours davantage les obstacles que constituent leurs petites différences, et qu'ils le fassent au lieu de rechercher un universel commun à tout prix – voilà qui suffirait à engager leurs actions de manière à faire émerger une vie éthique impliquant également les non-humains. Je découvre chez Rorty et dans la philosophie qu'il représente aujourd'hui une leçon susceptible de justifier ce savoir-faire éthique étranger à l'obligation morale [1] pour laquelle il y a toujours lieu d'opposer la raison et la passion, l'homme, l'animal et le robot.

Lu depuis semblable philosophie, le posthumanisme n'est pas étranger aux préoccupations éthiques qu'impose notre monde. Il rend au contraire plus radicales les exigences qui sont les nôtres : accueillir comme un *alter ego* celui qui ne me regarde pas, parce qu'il n'appartient pas d'abord à mon horizon de sens ou bien à ma définition de l'humain. L'accueillir comme la promesse d'une cohésion nouvelle et salutaire. De ce point de vue, les utopies posthumaines accomplissent la fonction critique de toute utopie : percer à jour les folies du monde réel, derrière l'imaginaire ou les fantasmes qu'il produit, afin d'orienter le présent vers un avenir désirable.

1. *Ibid.*, pp. 112-113.

Table

COLLECTION « PLURIEL »

ACTUEL

ADLER Alexandre
Le monde est un enfant qui joue
J'ai vu finir le monde ancien
Au fil des jours cruels
L'Odyssée américaine
Rendez-vous avec l'Islam
Sociétés secrètes
ADLER Laure
Françoise
ASKENAZY Philippe,
COHEN Daniel
27 questions d'économie contemporaine
16 nouvelles questions d'économie contemporaine
ATTALI Jacques
Demain, qui gouvernera le monde ?
ATTIAS Jean-Christophe,
BENBASSA Esther
Les Juifs ont-ils un avenir ?
Encyclopédie des religions
AUNG SAN SUU KYI
Ma Birmanie
BACHMANN Christian,
LE GUENNEC Nicole
Violences urbaines
BAECQUE (de) Antoine
Les Duels politiques
BALLADUR Édouard
Conversations avec François Mitterrand
BARBER Benjamin R.
Djihad versus McWorld
L'Empire de la peur
BARLOW Maude,
CLARKE Tony
L'Or bleu
BEN-AMI Shlomo
Quel avenir pour Israël ?
BENBASSA Esther
La Souffrance comme identité
BERGOUGNIOUX Alain,
GRUNBERG Gérard
Les Socialistes français et le pouvoir (1905-2007)
BEURET Michel,
MICHEL Serge,
WOODS Paolo
La Chinafrique
BHUTTO Benazir
Autobiographie
BIASSETTE Gilles,
BAUDU Lysiane J.
Travailler plus pour gagner moins
BLAIS Marie-Claude,
GAUCHET Marcel,
OTTAVI Dominique
Conditions de l'éducation
BORIS Jean-Pierre
Le Roman noir des matières premières
BRETON Stéphane
Télévision
BROWN Lester
Le Plan B
BRZEZINSKI Zbigniew
Le Grand Échiquier
CARRERE D'ENCAUSSE Hélène
La Russie entre deux mondes
CHALIAND Gérard
Guérillas
CHARRIN Ève
L'Inde à l'assaut du monde
CHEBEL Malek
Manifeste pour un islam des Lumières
CLERC Denis
La France des travailleurs pauvres
COHEN Daniel
La Mondialisation et ses ennemis
COHEN-TANUGI Laurent
Guerre ou paix
COHN-BENDIT Daniel
Que faire ?
COTTA Michèle
Mitterrand carnets de route
DAVIDENKOFF Emmanuel
Peut-on encore changer l'école ?
DELPECH Thérèse
L'Ensauvagement

DELUMEAU Jean
Un christianisme pour demain
DOSTALER Gilles
MARIS Bernard
Capitalisme et pulsion de mort
ÉTIENNE Bruno,
LIOGIER Raphaël
Être bouddhiste en France aujourd'hui
FAUROUX Roger,
SPITZ Bernard
Notre État
FILIU Jean-Pierre
La véritable histoire d'Al-Qaida
FRÉGOSI Franck
L'islam dans la laïcité
GLUCKSMANN André
Ouest contre Ouest
Le Discours de la haine
GODARD Bernard,
TAUSSIG Sylvie
Les Musulmans en France
GORE Al
Urgence planète Terre
GREENSPAN Alan
Le Temps des turbulences
GRESH Alain
L'Islam, la République et le monde
Israël-Palestine
GRESH Alain,
VIDAL Dominique
Les 100 Clés du Proche-Orient
GUÉNIF-SOUILAMAS Nacira
Des beurettes
HESSEL Stéphane
Citoyen sans frontières
HIRSCH Martin
Pour en finir avec les conflits d'intérêt
JADHAV Narendra
Intouchable
JEANNENEY Jean-Noël (dir.)
L'Écho du siècle
KAGAN Robert
La Puissance et la Faiblesse
KERVASDOUÉ (de) Jean
Les Prêcheurs de l'apocalypse
KNIBIEHLER Yvonne
Mémoires d'une féministe iconoclaste
LAÏDI Zaki
Un monde privé de sens
LATOUCHE Serge
Le pari de la décroissance
LAURENS Henry
L'Orient arabe à l'heure américaine
LAVILLE Jean-Louis
L'Économie solidaire
LE MAIRE Bruno
Des hommes d'État
LENOIR Frédéric
Les Métamorphoses de Dieu
LEYMARIE Philippe,
PERRET Thierry
Les 100 Clés de l'Afrique
MONGIN Olivier
De quoi rions-nous ?
MOREAU Jacques
Les Socialistes français et le mythe révolutionnaire
NICOLINO Fabrice,
Biocarburants, la fausse solution
NICOLINO Fabrice,
VEILLERETTE François
Pesticides
NOUZILLE Vincent
Les dossiers de la CIA sur la France 1958-1981
PIGASSE Matthieu
FINCHELSTEIN Gilles
Le Monde d'après
RAFFY Serge
Le Président, François Hollande, itinéraire secret
RAMBACH Anne,
RAMBACH Marine
Les Intellos précaires
RENAUT Alain
La Libération des enfants
ROCARD Michel
Oui à la Turquie
ROY Olivier
Généalogie de l'islamisme
La Laïcité face à l'islam
ROY Olivier,
ABOU ZAHAD Mariam
Réseaux islamiques
SABEG Yazid,
MÉHAIGNERIE Laurence
Les Oubliés de l'égalité des chances

SALAS Denis
Le Tiers Pouvoir
La Volonté de punir
SAPORTA Isabelle
Le livre noir de l'agriculture
SAVIDAN Patrick
Repenser l'égalité des chances
SENNETT Richard
La culture du nouveau capitalisme
SMITH Stephen
Négrologie
Oufkir, un destin marocain
SMITH Stephen,
FAES Géraldine
Noir et Français
SMITH Stephen,
GLASER Antoine
Comment la France a perdu l'Afrique
SOROS George
Mes solutions à la crise
STORA Benjamin
La Dernière génération d'octobre
STRAUSS-KAHN Dominique
La Flamme et la Cendre
TERNISIEN Xavier
Les Frères musulmans
TINCQ Henri
Les Catholiques
TRAORÉ Aminata
Le Viol de l'imaginaire
L'Afrique humiliée
VERMEREN Pierre
Maghreb : les origines de la révolution démocratique
VICTOR Paul-Émile,
VICTOR Jean-Christophe
Adieu l'Antarctique
VIROLE Benoît
L'Enchantement Harry Potter
WARSCHAWSKI Michel
Sur la frontière
WIEVIORKA Michel
La Tentation antisémite

SCIENCES

ACHACHE José
Les Sentinelles de la Terre
ALLORGE Lucile,
IKOR Olivier
La Fabuleuse Odyssée des plantes
ALVAREZ Walter
La Fin tragique des dinosaures
BARROW John
Les Origines de l'Univers
Une brève histoire de l'infini
CAZENAVE Michel (dir.)
Aux frontières de la science
CHANGEUX Jean-Pierre
L'Homme neuronal
COHEN-TANNOUDJI Gilles
Les Constantes universelles
DAFFOS Fernand
La Vie avant la vie
DAVIES Paul
L'Esprit de Dieu
DAWKINS Richard
Qu'est-ce que l'Évolution ?
Il était une fois nos ancêtres
FERRIES Timothy
Histoire du Cosmos de l'Antiquité au Big Bang
FISCHER Helen
Histoire naturelle de l'amour
GLASHOW Sheldon
Le Charme de la physique
KANDEL Robert
L'Incertitude des climats
LAMBRICHS Louise L.
La Vérité médicale
LASZLO Pierre
Chemins et savoirs du sel
Qu'est-ce que l'alchimie ?
LEAKEY Richard
L'Origine de l'humanité
PETIT Jean-Pierre
On a perdu la moitié de l'Univers
SCHWARTZ Laurent
Métastases
SEIFE Charles
Zéro

SINGH Simon
Le Dernier Théorème de Fermat
Le Roman du Big Bang
STEWART John
La Nature et les nombres
VIDAL-MADJAR Alfred
Il pleut des planètes
WAAL Frans (de)
Le singe en nous

PHILOSOPHIE

ARON Raymond
Essai sur les libertés
L'Opium des intellectuels
AZOUVI François
Descartes et la France
BADIOU Alain
Deleuze
BLAIS Marie-Claude,
GAUCHET Marcel,
OTTAVI Dominique
Pour une philosophie politique de l'éducation
BOUDON Raymond
Le Juste et le vrai
BOUVERESSE Jacques
Le Philosophe et le réel
BURKE Edmund
Réflexions sur la Révolution en France
CANTO-SPERBER Monique
Le Libéralisme et la gauche
CASSIRER Ernst
Le Problème Jean-Jacques Rousseau
CHÂTELET François
Histoire de la philosophie
t. 1 : La Philosophie païenne (du VIe siècle av. J.-C. au IIIe siècle après J.-C.)
t. 2 : La Philosophie médiévale (du Ier au XVe siècle)
t. 3 : La Philosophie du monde nouveau (XVIe et XVIIe siècles)
t. 4 : Les Lumières (XVIIIe siècle)
t. 5 : La Philosophie et l'histoire (de 1780 à 1880)
t. 6 : La Philosophie du monde scientifique et industriel (de 1860 à 1940)
t. 7 : La Philosophie des sciences sociales (de 1860 à nos jours)
t. 8 : Le XXe siècle
CONSTANT Benjamin
Principes de politique
COURTINE-DENAMY Sylvie
Hannah Arendt
DESANTI Jean-Toussaint
Le Philosophe et les pouvoirs
Un destin philosophique
DESCHAVANNE Éric,
TAVOILLOT Pierre-Henri
Philosophie des âges de la vie
DETIENNE Marcel
Dionysos à ciel ouvert
GIRARD René
La Violence et le sacré
Celui par qui le scandale arrive
Mensonge romantique et vérité romanesque
Les Origines de la culture
GLUCKSMANN André
Le Bien et le Mal
Une rage d'enfant
GRUZINSKI Serge
La pensée métisse
HABERMAS Jürgen
Après Marx
HABIB Claude
Le Consentement amoureux
HAZARD Paul
La Pensée européenne au XVIIIe siècle
JANICAUD Dominique
Heidegger en France (2 vol.)
JANKÉLÉVITCH Sophie,
OGILVIE Bertrand
L'Amitié
JARDIN André
Alexis de Tocqueville
JERPHAGNON Lucien
Les dieux ne sont jamais loin
Au bonheur des sages
Histoire de la pensée

JOUVENEL (de) Bertrand
Du pouvoir
KAHN Axel,
GODIN Christian
L'Homme, le bien, le mal
LA ROCHEFOUCAULD
Maximes, réflexions, lettres
LINDENBERG Daniel
Destins marranes
LÖWITH Karl
Nietzsche
MANENT Pierre
Histoire intellectuelle du libéralisme
MARZANO Michela
La Fidélité ou l'amour à vif
La Pornographie ou l'épuisement du désir
Extension du domaine de la manipulation
Éloge de la confiance
MONGIN Olivier
Face au scepticisme
NEGRI Anthonio
Job, la force de l'esclave
NIETZSCHE Friedrich
Aurore
Humain, trop humain
Le Gai Savoir
Par-delà le bien et le mal
ORY Pascal
Nouvelle Histoire des idées politiques
QUINET Edgar
L'Enseignement du peuple, suivi de La Révolution religieuse au XIXe siècle
RIALS Stéphane
La Déclaration des droits de l'homme et du citoyen
RICHIR Marc
La Naissance des dieux
RICŒUR Paul
La Critique et la conviction
ROUSSEAU Jean-Jacques
Du contrat social
SAVATER Fernando
Choisir, la liberté
Sur l'art de vivre
Les Dix Commandements au XXIe siècle
SAVIDAN Patrick
Repenser l'égalité des chances
SCHOLEM Gershom
Walter Benjamin
SERRES Michel
Les Cinq Sens
Le Parasite
Rome
SIRINELLI Jean-François
Sartre et Aron
Les Vingt décisives
SLOTERDIJK Peter
Bulles. Sphères I
Globes. Sphères II
Écumes. Sphères III
Colère et temps
Essai d'intoxication volontaire, suivi de L'Heure du crime et le temps de l'œuvre d'art
Ni le soleil ni la mort
Les Battements du monde
Le Palais de cristal
SUN TZU
L'Art de la guerre
TODOROV Tzvetan
Les Morales de l'histoire
WOLFF Francis
Philosophie de la corrida

PSYCHANALYSE / PSYCHOLOGIE

BETTELHEIM Bruno
Le Poids d'une vie
BETTELHEIM Bruno,
ROSENFELD Alvin
Dans les chaussures d'un autre
BONNAFÉ Marie
Les Livres, c'est bon pour les bébés
BRUNSCHWIG Hélène
N'ayons pas peur de la psychothérapie

CRAMER Bertrand
Profession bébé
CYRULNIK Boris
Mémoire de singe et paroles d'homme
La Naissance du sens
Sous le signe du lien
CYRULINK Boris,
MATIGNON Karine Lou,
FOUGEA Frédéric
La Fabuleuse Aventure des hommes et des animaux
CZECHOWSKI Nicole,
DANZIGER Claudie
Deuils
DANON-BOILEAU Henri
De la vieillesse à la mort
DUMAS Didier
La Sexualité masculine
Sans père et sans parole
FLEM Lydia
Freud et ses patients
GAVARINI Laurence
La Passion de l'enfant
GAY Peter
Freud, une vie (2 vol.)
GREEN André
Un psychanalyste engagé
GRIMBERT Philippe
Pas de fumée sans Freud
Psychanalyse de la chanson
HADDAD Antonietta,
HADDAD Gérard
Freud en Italie
HADDAD Gérard
Manger le livre
HEFEZ Serge
Quand la famille s'emmêle
Dans le cœur des hommes
HEFEZ Serge,
LAUFER Danièle
La Danse du couple
HOFFMANN Christian
Introduction à Freud
HUMBERT Élie G.
Jung
JEAMMET Philippe
Anorexie Boulimie
JOUBERT Catherine,
STERN Sarah
Déshabillez-moi
KORFF-SAUSS Simone
Dialogue avec mon psychanalyste
Le Miroir brisé
LACHAUD Denise
Jalousies
LAPLANCHE Jean,
PONTALIS Jean-Bernard
Fantasme originaire. Fantasme des origines. Origines du fantasme
LESSANA Marie-Magdeleine
Entre mère et fille : un ravage
MIJOLLA (de) Alain (dir.)
Dictionnaire international de la psychanalyse (2 vol.)
MORO Marie-Rose
Enfants d'ici venus d'ailleurs
PERRIER François
L'Amour
PHILLIPS Adam
Le Pouvoir psy
RIBAS Denys
L'Énigme des enfants autistes
SIETY Anne
Mathématiques, ma chère terreur
SUTTON Nina
Bruno Bettelheim
TISSERON Serge
Comment Hitchcock m'a guéri
Psychanalyse de l'image
TOMKIEWICZ Stanislas
L'Adolescence volée
VIGOUROUX François
L'Âme des maisons
L'Empire des mères
Le Secret de famille

SOCIOLOGIE, ANTHROPOLOGIE

AMSELLE Jean-Loup
L'Occident décroché
ARNALDEZ Roger
L'Homme selon le Coran

AUGÉ Marc
Un ethnologue dans le métro
BADIE Bertrand, BIRNBAUM Pierre
Sociologie de l'État
Le peuple et les gros
BAUMAN Zygmunt
Le Coût humain de la mondialisation
La Société assiégée
L'Amour liquide
La Vie en miettes. Expérience moderne et moralité
BEAUD Stéphane, PIALOUX Michel
Violences urbaines, violence sociale
BOUDON Raymond
La Logique du social
L'Inégalité des chances
BROMBERGER Christian
Passions ordinaires
CALVET Louis-Jean
Histoire de l'écriture
La Guerre des langues et les politiques linguistiques
CASTEL Robert, HAROCHE Claudine
Propriété privée, propriété sociale, propriété de soi
DIGARD Jean-Pierre
Les Français et leurs animaux
DUPUY Jean-Pierre
Libéralisme et justice sociale
EHRENBERG Alain
Le Culte de la performance
L'Individu incertain
ELLUL Jacques
Le Bluff technologique
BOURASTIÉ Jean
Les Trente Glorieuses
GARAPON Antoine, PERDRIOLLE Sylvie
Quelle autorité ?
GIDDENS Anthony
La Transformation de l'intimité
GINESTE Thierry
Victor de l'Aveyron
GUÉRIN Serge
L'Invention des seniors
HIRSCHMAN Albert O.
Bonheur privé, action publique
KAUFMANN Jean-Claude
Casseroles, amour et crises
L'Invention de soi
Ego
Quand Je est un autre
L'étrange histoire de l'amour heureux
LAHIRE Bernard
L'Homme pluriel
LE BRAS Hervé
Marianne et les lapins
LE BRETON David
L'Adolescence à risque
MONOD Jean
Les Barjots
MUXEL Anne
Individu et mémoire familiale
PIKETTY Thomas
Les Hauts Revenus en France au XX*e siècle*
PONT-HUMBERT Catherine
Dictionnaire des symboles, des rites et des croyances
RAUCH André
Crise de l'identité masculine, 1789-1914
Vacances en France de 1830 à nos jours
ROBIN Corey
La Peur
SAVIER Lucette
Des sœurs, des frères
SENNETT Richard
Respect
La Culture du nouveau capitalisme
SINGLY (de) François
Les Uns avec les autres
Les Adonaissants
L'Injustice ménagère
Comment aider l'enfant à devenir lui-même ?
SULLEROT Évelyne
La Crise de la famille
THÉLOT Claude
Tel père, tel fils ?

TIERNEY Patrick
Au nom de la civilisation
URFALINO Philippe
L'Invention de la politique culturelle
WIEVIORKA Michel
La Violence
Neuf leçons de sociologie

HISTOIRE

ADLER Laure
Les Maisons closes
Secrets d'alcôve
AGULHON Maurice
De Gaulle. Histoire, symbole, mythe
La République (de 1880 à nos jours)
t. 1 : L'Élan fondateur et la grande blessure (1880-1932)
t. 2 : Nouveaux drames et nouveaux espoirs (de 1932 à nos jours)
ALEXANDRE-BIDON Danièle
La Mort au Moyen Âge
ALEXANDRE-BIDON Danièle, LETT Didier
Les Enfants au Moyen Âge
ANATI Emmanuel
La Religion des origines
ANDREU Guillemette
Les Égyptiens au temps des pharaons
ANTOINE Michel
Louis XV
BALANDIER Georges
Le Royaume de Kongo du XVIe au XVIIIe siècle
BALLET Pascale
La Vie quotidienne à Alexandrie
BANCEL Nicolas, BLANCHART Pascal, VERGÈS Françoise
La République coloniale
BARTOV Omer
L'Armée d'Hitler
BASLEZ Marie-Françoise
Saint-Paul
BAYNAC Jacques
Jean Moulin
BEAUFRE André (Général)
Introduction à la stratégie
BÉAUR Gérard
La Terre et les hommes
BECHTEL Guy
La Chair, le diable et le confesseur
BECKER Annette
Oubliés de la Grande Guerre
BÉDARIDA François
Churchill
BENNASSAR Bartolomé, VINCENT Bernard
Le Temps de l'Espagne, XVIe-XVIIe siècles
BENNASSAR Bartolomé
L'Inquisition espagnole, XVe-XIXe siècles
BERCÉ Yves-Marie
Fête et révolte
BERNAND André
Alexandrie la grande
BLUCHE François
Le Despotisme éclairé
Louis XIV
Les Français au temps de Louis XVI
BOLOGNE Jean Claude
Histoire de la pudeur
Histoire du mariage en Occident
Histoire du célibat
BORDONOVE Georges
Les Templiers au XIIIe siècle
BOTTÉRO Jean
Babylone et la Bible, Entretiens avec Hélène Monsacré
Au commencement étaient les dieux
BOTTÉRO Jean, HERRENSCHMIDT Clarisse, VERNANT Jean-Pierre
L'Orient ancien et nous
BREDIN Jean-Denis
Un tribunal au garde-à-vous
BROSSAT Alain
Les Tondues

BRULÉ Pierre
Les Femmes grecques
CAHEN Claude
L'Islam, des origines au début de l'Empire ottoman
CARCOPINO Jérôme
Rome à l'apogée de l'Empire
CARRÈRE D'ENCAUSSE Hélène
Catherine II
Lénine
Nicolas II
CHAUNU Pierre
Le Temps des réformes
CHEBEL Malek
L'Esclavage en Terre d'Islam
CHÉLINI Jean
Histoire religieuse de l'Occident médiéval
CHOURAQUI André
Les Hommes de la Bible
CLOULAS Ivan
Les Borgia
Les Châteaux de la Loire au temps de la Renaissance
CROUZET Denis
La nuit de la Saint-Barthélemy
COLLECTIF
Chevaliers et châteaux-forts
Les Francs-Maçons
Le nazisme en questions
Les plus grands mensonges de l'histoire
Le Japon
L'Iran
Versailles
Amour et sexualité
La Cuisine et la Table
DARMON Pierre
Le Médecin parisien en 1900
Vivre à Paris pendant la Grande Guerre
DAVRIL Dom Anselme,
PALAZZO Éric
La Vie des moines au temps des grandes abbayes
DELUMEAU Jean
La Peur en Occident
Rome au XVIe siècle
Une histoire du paradis
t. 1 : Le Jardin des délices
t. 2 : Mille ans de bonheur
t. 3 : Que reste-t-il du paradis ?
DESANTI Dominique
Ce que le siècle m'a dit
DUBY Georges
Le Chevalier, la femme et le prêtre
Le Moyen Âge (987-1460)
DUCELLIER Alain
Le Drame de Byzance
DUCREY Pierre
Guerre et guerriers dans la Grèce antique
DUPÂQUIER Jacques,
KESSLER Denis
La Société française au XIXe siècle
DUPUY Roger
Les Chouans
DUROSELLE Jean-Baptiste
L'Europe, histoire de ses peuples
EINAUDI Jean-Luc
Octobre 1961
EISENSTEIN Elizabeth L.
La Révolution de l'imprimé
ENDERLIN Charles
Par le feu et par le sang
EPSTEIN Simon
Histoire du peuple juif au XXe siècle
ESLIN Jean-Claude,
CORNU Catherine
La Bible, 2 000 ans de lectures
ESPRIT
Écrire contre la guerre d'Algérie (1947-1962)
ÉTIENNE Bruno
Abdelkader
ÉTIENNE Robert
Pompéi
FAVIER Jean
De l'or et des épices
FERRO Marc
Le Livre noir du colonialisme
Nazisme et communisme
Pétain
FINLEY Moses I.
On a perdu la guerre de Troie
FLACELIÈRE Robert
La Grèce au siècle de Périclès
FLORI Jean
Chevaliers et chevalerie au Moyen Âge

FOSSIER Robert
Le Travail au Moyen Âge
Ces gens du Moyen Âge
FROMKIN David
Le Dernier Été de l'Europe
FRUGONI Chiara
Saint François d'Assise
FURET François
La Gauche et la Révolution au XIXe siècle
La Révolution (1770-1880)
t. 1 : La Révolution française, de Turgot à Napoléon (1770-1814)
t. 2 : Terminer la Révolution, de Louis XVIII à Jules Ferry (1814-1880)
FURET François,
NOLTE Ernst
Fascisme et communisme
FURET François,
RICHET Denis
La Révolution française
GARIN Eugenio
L'Éducation de l'homme moderne (1400-1600)
GERVAIS Danièle
La Ligne de démarcation
GIRARD Louis
Napoléon III
GIRARDET Raoul
Histoire de l'idée coloniale en France
GOUBERT Pierre
Initiation à l'histoire de la France
L'Avènement du Roi-Soleil
Mazarin
Louis XIV et vingt millions de Français
GOUBERT Jean-Pierre
Une histoire de l'hygiène
GRAS Michel,
ROUILLARD Pierre,
TEIXIDOR Xavier
L'Univers phénicien
GUICHARD Pierre
Al-Andalus (711-1492)
GUILAINE Jean
La Mer partagée
HEERS Jacques
Esclaves et domestiques au Moyen Âge
Fête des fous et carnavals
La Cour pontificale au temps des Borgia et des Médicis
La Ville au Moyen Âge en Occident
HOBSBAWM Eric J.
Franc-tireur. Autobiographie
L'Ère des révolutions (1789-1848)
L'Ère du capital (1848-1875)
L'Ère des empires (1875-1914)
Marx et l'histoire
Les primitifs de la révolte dans l'Europe moderne
HORNUNG Erik
L'Esprit du temps des pharaons
HOWARD Dick
Aux origines de la pensée politique américaine
HUSSEIN Mahmoud
Al-Sîra (2 vol.)
INGRAO Christian
Croire et détruire
JERPHAGNON Lucien
Histoire de la Rome antique
Les Divins Césars
JOHNSON Hugh
Une histoire mondiale du vin
JOMINI (de) Antoine-Henri
Les Guerres de la Révolution (1792-1797)
JOXE Pierre
L'Édit de Nantes
JUDT Tony
Après-guerre
KNIBIEHLER Yvonne
Histoire des infirmières en France au XXe siècle
KRIEGEL Maurice
Les Juifs à la fin du Moyen Âge dans l'Europe méditerranéenne
LABY Lucien
Les Carnets de l'aspirant Laby
LACARRIÈRE Jacques
En cheminant avec Hérodote
LACORNE Denis
L'Invention de la République américaine
LAURIOUX Bruno
Manger au Moyen Âge

LE BRIS Michel
D'or, de rêves et de sang
LE GOFF Jacques
La Bourse et la vie
Un long Moyen Âge
LE NAOUR Jean-Yves
Le Soldat inconnu vivant
LE ROY LADURIE Emmanuel
L'État royal (1460-1610)
L'Ancien Régime (1610-1770)
t. 1 : L'Absolutisme en vraie grandeur (1610-1715)
t. 2 : L'Absolutisme bien tempéré (1715-1770)
Trente-trois questions sur l'histoire du climat
LEVER Maurice et Évelyne
Le chevalier d'Éon
LEVER Évelyne
Louis XVIII
C'était Marie-Antoinette
LÉVI Jean (traduction et commentaires)
Les Sept Traités de la guerre
LIAUZU Claude
Histoire de l'anticolonialisme
MALET-ISAAC
Histoire
t. 1 : Rome et le Moyen Âge (735 av. J.-C.-1492)
t. 2 : L'âge classique (1492-1789)
t. 3 : Les Révolutions (1789-1848)
t. 4 : La Naissance du monde moderne (1848-1914)
MANDROU Robert
Possession et sorcellerie au XVIIe siècle
MANTRAN Robert
Istanbul au siècle de Soliman le Magnifique
MARGOLIN Jean-Louis
Violences et crimes du Japon en guerre (1937-1945)
MARTIN-FUGIER Anne
La Bourgeoise
MAUSS-COPEAUX Claire
Appelés en Algérie
MILO Daniel
Trahir le temps
MIQUEL Pierre
La Grande Guerre au jour le jour
MOSSE George L.
De la Grande Guerre au totalitarisme
MUCHEMBLED Robert
L'Invention de l'homme moderne
NEVEUX Hugues
Les Révoltes paysannes en Europe (XIVe-XVIIe siècles)
NOIRIEL Gérard
Réfugiés et sans-papiers
Immigration, antisémitisme et racisme en France (XIXe-XXe siècles)
PÉAN Pierre
Une jeunesse française, François Mitterrand, 1934-1947
PELIKAN Jaroslav
Jésus au fil de l'histoire
PERNOUD Régine,
CLIN Marie-Véronique
Jeanne d'Arc
PETITFILS Jean-Christian
Les communautés utopistes au XIXe siècle
PÉTRÉ-GRENOUILLEAU Olivier
Nantes au temps de la traite des Noirs
PITTE Jean-Robert
Bordeaux Bourgogne
POMEAU René
L'Europe des Lumières
PORTIER-KALTENBACH Clémentine
Histoires d'os et autres illustres abattis
POURCHER Yves
Les Jours de guerre
POZNANSKI Renée
Les Juifs en France pendant la Seconde Guerre mondiale
PRÉPOSIET Jean
Histoire de l'anarchisme
RANCIÈRE Jacques
La Nuit des prolétaires
RAUCH André
Histoire du premier sexe
RAUSCHNING Hermann
Hitler m'a dit
RÉGENT Frédéric

La France et ses esclaves
REVEL Jacques
Fernand Braudel et l'histoire
RICHARD Jean
Histoire des croisades
RICHÉ Pierre
Les Carolingiens
RIEFFEL Rémy
Les Intellectuels sous la Vᵉ République (3 vol.)
RIOUX Jean-Pierre
De Gaulle
RIOUX Jean-Pierre,
SIRINELLI Jean-François
La France d'un siècle à l'autre (2 vol.)
La Culture de masse en France
RIVET Daniel
Le Maghreb à l'épreuve de la colonisation
ROCHE Daniel
Les circulations dans l'Europe moderne
ROTH François
La Guerre de 1870
ROUSSET David
Les Jours de notre mort
L'Univers concentrationnaire
ROUSSO Henry
Un château en Allemagne, Sigmaringen (1944-1945)
ROUX Jean-Paul
Les Explorateurs au Moyen Âge
SEGEV Tom
1967
SIRINELLI Jean-François
Les Baby-boomers
Les Vingt Décisives
SOLER Jean
L'Invention du monothéisme
t. 1 : Aux origines du Dieu unique
t. 2 : La Loi de Moïse
t. 3 : Sacrifices et interdits alimentaires dans la Bible
SOUSTELLE Jacques
Les Aztèques à la veille de la conquête espagnole
SOUTOU Georges-Henri
La Guerre froide
SPEER Albert
Au cœur du Troisième Reich
STORA Benjamin
Les Trois Exils. Juifs d'Algérie
Messali Hadj
Les Immigrés algériens en France
De Gaulle et la guerre d'Algérie
Mitterrand et la guerre d'Algérie
STORA Benjamin,
HARBI Mohammed
La Guerre d'Algérie
THIBAUDET Albert
La République des Professeurs suivi de Les Princes lorrains
TRAVERSO Enzo
La Guerre civile européenne (1914-1945)
TROCMÉ Étienne
L'Enfance du christianisme
TULARD Jean
Napoléon
Les Français sous Napoléon
VALENSI Lucette
Venise et la Sublime Porte
VALLAUD Pierre
Atlas historique du XXᵉ siècle
VERGÈS Françoise
La Mémoire enchaînée
VERNANT Jean-Pierre
La Mort dans les yeux
VEYNE Paul
Le Quotidien et l'intéressant
VIDAL-NAQUET Pierre
L'Histoire est mon combat, Entretiens avec Dominique Bourel et Hélène Monsacré
WEBER Eugen
La fin des terroirs
WEIL Georges
Histoire de l'idée laïque en France au XIXᵉ siècle
WERNER Karl Ferdinand
Naissance de la noblesse
WIEVIORKA Annette
Déportation et génocide
L'Ère du témoin
Auschwitz